Pipers Italienische Bibliothek

Eugenio Montale · Die Straußenfeder

Eugenio Montale

Die Straußenfeder

Ausgewählte Prosa

Auswahl, Übersetzung und Nachwort
von Alice Vollenweider

Piper
München Zürich

Die Originalausgabe erschien 1960 unter dem Titel
»Farfalla di Dinard«
bei Arnoldo Mondadori Editore, Mailand

ISBN 3-492-03305-9
Neuausgabe 1988
4. Auflage, 11.–20. Tausend 1988
(1. Auflage, 1.–10. Tausend dieser Ausgabe)

Gesamtherstellung: Clausen & Bosse, Leck
Printed in Germany

Inhalt

Die Erzählung eines Unbekannten

»Vielleicht erinnerst du dich noch an den *Familienfreund*, der bei uns zu Hause herumlag. Jeden Samstagmorgen steckte mir der Postbote zwischen den Stangen des Tors diese harmlose kleine Wochenzeitung der Pfarrgemeinde oder der Mission zu, auf die uns eine gewisse Tante in Pietrasanta lebenslänglich abonniert hatte, und ich öffnete sie, warf einen besorgten Blick auf die Rätselecke und verkündete dann triumphierend: Buganza!

Aus dem Haus kam das zufriedene Gebrumme meines Vaters.

Neben den zahlreichen Anlässen zu Meinungsverschiedenheiten, die es zwischen mir und meinem Vater gab, war das dringende Bedürfnis, den Namen des Pfarrers Buganza unfehlbar an jedem Wochenende unter den Einsendern richtiger Lösungen der Silben-, Kasten- und Bilderrätsel des *Familienfreunds* zu lesen (ein erbauliches Buch wurde unter ihnen ausgelost), ein Element des Zusammenhaltes, ein Band, das mich an meinen Vater fesselte. Der unschuldigen Manie des alten Geistlichen, der sich sicher geschämt hätte, dem wöchentlichen Appell nicht zu antworten, entsprach irgendwie diejenige unserer immer vertrauensvollen und immer belohnten Erwartung. Damals gab es noch keine Puzzles und keine Kreuzworträtsel, aber was uns passierte, zeigt dir, daß es dafür Schicksale gab, die sich kreuzten. Und nun erzähle ich dir die Fortsetzung.

Ich kann dir nicht mehr sagen, wer von uns zuerst auf den merkwürdigen Fall aufmerksam wurde. Der Pfarrer war uns unbekannt, er lebte nicht in unserer Stadt, und wir dachten nicht daran, uns nach ihm zu erkundigen: Daß er alt sein mußte, war nichts als eine Annahme unsererseits. Tatsache ist, daß er seit

Jahren (wie vielen?) in diesem Namensverzeichnis nie gefehlt hatte und daß er uns nun unentbehrlich geworden war und zu den Gewohnheiten gehörte, die wir am eifersüchtigsten hüteten. Was hätte er gesagt, wenn er erfahren hätte, was für einen Abgrund er zu unseren Füßen aushob? Vielleicht hätte er darin das Werk des Bösen gesehen. Obschon es damals ein zutiefst auf Wahrung des Bestehenden gerichtetes Werk war. Die Stadt veränderte ihr Aussehen, sie öffnete sich dem unheilvollen Einfluß der Moderne. Die Cafés wurden durch Bars ersetzt, auf deren hohen Stühlen merkwürdige junge Männer mit Melone und Cutaway lebten und sich Tag und Nacht von Chips und amerikanischen Drinks ernährten. Das Wachstumsfieber hatte auch die Theater ergriffen, wo die Wiener Operetten nun den Platz von *Gran Vía* und *Boccaccio* und anderer Tröstungen unserer Väter einnahmen. Es gab noch keine Girls, aber das Variété und seine Sternchen und die ersten Versuche des Kinematographen eröffneten unendliche Möglichkeiten für die Sittenverderbnis der Jugend. Ich selbst, der ich diese Orte nicht frequentierte, hatte in den Spiegel meines Zimmers das Photo jener großartigen Diva gesteckt, deretwegen ein geachteter Souverän Europas eines schönen Tages in Cleopold umbenannt wurde. Als mein Vater das Bild entdeckte, brach ein heftiger Streit zwischen uns aus. Ich drohte, meine Koffer zu packen, um endlich meine ›Unabhängigkeit‹ zu gewinnen. Aber ich hatte kein Geld; und konnte ich an einem Freitag abreisen, ohne den Besuch des Pfarrers Buganza abzuwarten? Am nächsten Morgen besiegelte Buganza, Gewinner einer Lebensbeschreibung des seligen Labre – *in hoc signo!* –, die Versöhnung.

Unser Leben ging unverändert weiter. So wie uns Buganza für Monate vereint hatte, so vereinte er uns weiterhin für Jahre. Mein Vater lebte zwischen Haus und Büro (wo ihm meine Brüder halfen, die wirklich unabhängig waren); und ich, immer arbeitslos, zwischen dem Haus und den Arkaden der neuen Straßen. Es versteht sich, daß ich dabei war, eine Arbeit zu suchen, die meiner und meiner Begabung würdig war; welcher Art diese

Begabung war, hatten weder ich noch mein Vater je genau feststellen können. In unseren alteingesessenen Familien war es üblich, einen Sohn zu haben, meistens den Benjamin, von dem man keine vernünftige Tätigkeit verlangte. Als jüngster Sohn eines verwitweten Vaters, seit der Kindheit etwas kränklich und reich an nicht genau bestimmbaren Talenten, die nichts mit dem Handel zu tun hatten, war ich fünfzehn, dann zwanzig und dann fünfundzwanzig Jahre alt geworden, ohne eine Entscheidung zu treffen. Der Krieg kam, ohne mich meiner Familie zu entreißen, und es kam die Nachkriegszeit, die Krise und der große Umschwung, der uns vor den Greueln des Bolschewismus bewahren sollte. Die Geschäfte gingen schlecht; man bekam keine Importgenehmigungen, wenn man nicht gewichtige Briefumschläge in den Büros der römischen Beamten liegen ließ. Aber Buganza besuchte uns unentwegt weiter, und in unserem Leben gab es etwas Verläßliches, etwas, das standhielt.

An einem Samstagmorgen hatte ich einen ziemlich heftigen Wortwechsel mit meinem Vater. Ein paar Straßenlümmel hatten mich in der Stadt geohrfeigt, weil ich die Hand nicht erhoben hatte, um einen schwarzen Fetzen zu grüßen, und mein Alter behauptete, daran hätten sie sehr gut getan, und meine Unvorsichtigkeit verdiene nichts Besseres. Der *Familienfreund* kam, ich öffnete ihn ohne den geringsten Verdacht und sah das Unwahrscheinliche, das Ereignis, das den ganzen Lauf unseres Lebens änderte: *Buganzas Name fehlte!*

›Addio Buganza!‹ rief ich nach einem kurzen Schweigen und ging in mein Zimmer, wo ich mit den Vorbereitungen zur Abreise begann. Ich hatte mich entschieden; das Band war zerschnitten, die Kette zerrissen, und da der ›Basso continuo Buganza‹ aus unserem Leben verschwunden war, konnte und mußte sich alles ändern. Eine neue Existenz begann, und es war gleichgültig, daß ich nicht wußte, wie und wo. Mein Vater nahm den Schlag mit Würde und ohne Kommentar hin. Aber ich sah, daß er gebeugter und unruhiger war als gewöhnlich, während er die Dahlien im Garten goß, obwohl er keine Ahnung von meinem

Entschluß hatte. Ich war für den Rest des Tages und auch während eines Teils der Nacht und noch am folgenden Tag damit beschäftigt, alte Papiere zu vernichten (auch das Photo von Cléo de Mérode, das ich nach Jahren wiederfand, entging diesem Schicksal nicht) oder aufzuheben. Ohne Eile packte ich hierauf zwei Koffer. Ich war entschlossen; was hatte ich zu fürchten? Am nächsten Samstag war ich nicht mehr zu Hause, und ein mögliches Wiedererscheinen des Pfarrergespensts war ja auch gar nicht zu befürchten. Buganza hatte seinen Rhythmus unterbrochen, den Pakt nicht eingehalten: Er war wieder ein Komparse in meinem Leben geworden, und ich konnte ohne ihn auskommen. Da ich in dieser Weise alles vorausbestimmt hatte, fühlte ich mich geschützt vor jeder Überraschung, und es war mir ein Genuß, die Zeit vor der Abreise zu verlängern und sie mit Sanftheit auszukosten. Ich ging nacheinander durch alle Straßen meiner Kindheit, ich ging die Wege, auf denen ich jahrelang zur Schule gegangen war; ich hatte keine Freunde, aber ich unterließ es doch nicht, ein paar Abschiedsbesuche zu machen, ohne eine Abreise auch nur anzudeuten, und überraschte alle mit meinen merkwürdigen Reden. Meinem Vater sagte ich, daß ich für wenige Tage weg müsse, und ich weiß nicht, ob er mehr vermutete. Die ganze Woche wechselte ich nur ein paar Worte mit ihm. Die kurzen Tage des Aufschubs, die ich mir gewährt hatte, verflogen, ohne daß ich es bemerkte, und ich wußte nicht, daß es schon wieder Samstag war, bis der Pfiff des Postboten mich ans Tor rief und mein Blick auf den grünlichen Umschlag des *Familienfreunds* fiel. Ich öffnete das Blatt ohne Bewegung: Ob das Gespenst da war oder nicht, was tat das schon zur Sache? Der Name war tatsächlich wieder auf seinen Platz zurückgekehrt, aber eine Notiz am Ende der Rätselecke gab mir den unerwarteten Schlag. ›Wir bedauern‹, hieß es da, ›daß durch einen Fehler unserer Druckerei in der letzten Nummer der Name des ehrw. Pfarrers D. F. Buganza weggelassen wurde. Wir bitten, dieses Versehen zu entschuldigen, und wünschen, etc. etc.‹

Der *Familienfreund* glitt mir aus der Hand.

Nach einem kurzen Schweigen ging ich zu meinem Vater, der in die Lektüre des *Caffaro* vertieft war, und gab ihm bekannt: ›Er ist wieder da.‹

›Wer? Buganza?‹

›Ja. Und er hat nie gefehlt. Es war ein Druckfehler. Das wäre ja auch merkwürdig gewesen.‹

›Ja wirklich‹, sagte der Papa mit einem Seufzer der Erleichterung.

Eine halbe Stunde später begann ich, die Koffer auszupacken. Es war nichts zu machen! Die Kette, die ich zu zerreißen geglaubt hatte, war stärker als vorher. Und jetzt, wo mein Vater nicht mehr lebt und der *Familienfreund* verschwunden ist und dasselbe Schicksal auch den Pfarrer ereilte und mein Haus noch steht, auch jetzt könnte nur eine Bombe von schwerstem Kaliber ... Nein, im Augenblick nicht ... Hörst du? Der Entwarnungsalarm. Wir können hinaufgehen.«

Ein heiserer Sirenenton, ein leicht absinkendes F, kam tatsächlich von draußen. Ich sah den Unbekannten aufstehen, den Arm seines Freundes nehmen und weggehen, um seine Erzählung an der frischen Luft zu beenden.

Die Regatta

Den Verdaccio – einen kleinen natürlichen, durch hohe Felsen geschützten Hafen, umgeben von einem Halbkreis alter Häuser, die aneinandergebaut oder nur durch enge Durchgänge und ein Gewirr von Gassen getrennt waren – übersah man mit einem Blick von Zebrinos Zimmer im dritten Stock der Villa von Montecorvo, wo seine Familie die Sommermonate verbrachte. Aber er befand sich auf dem gegenüberliegenden Ufer der Bucht, gut drei Meilen in der Luftlinie, und man hätte ein Fernrohr benötigt, um zu sehen, wie sich dieses Piraten- und Falkennest, dem sich nicht einmal die Sarazenen zu nähern gewagt hatten, mit einem zerlumpten und malerischen Hin und Her belebte. Kein Zug hielt dort an, und keine Fahrstraße führte hin; es gab weder Gasthöfe noch Pensionen. Wenn irgendein »Fremder« dort aus dem Schiff stieg und sich in die Gassen wagte, so goß man ihm von den obersten Stockwerken Eimer mit schmutzigem Wasser auf den Kopf ohne die rituelle Warnung »Achtung, ich gieße!«, die den besonders geschätzten Passanten vorbehalten war.

Mehr hatten Zebrinos aufmerksame Ohren bisher nicht vernommen, obwohl für ihn der Verdaccio nicht mehr als ein Loch in der fernen Felsküste war, ein großer, dicht belaubter Baum, vielleicht ein Nußbaum, der trotz der Distanz über dem Hafen sichtbar war, und der weiße Fleck eines mit Türmen versehenen Hauses, das sich ein wenig entfernt auf einem Felsen im Osten erhob. Das war das Haus der Ravecca, der Lehnsherren oder zumindest der anerkannten Herren des Dorfs. Leute, die ihre Söhne auf das Technikum der Provinzhauptstadt geschickt hatten und die auch an Werktagen Schuhe trugen; Leute, die die

Zeitung lasen und während des Winters oft in die Stadt reisten. Sehr verschieden von den übrigen Einwohnern Verdaccios, wo die Frauen in seidenen Kleidern, aber immer barfuß gingen und die Männer sehr behaart und unnahbar waren, kleine Küstenschiffahrer, Rebbauern ohne Reben und Schmuggler.

Aber gab es diese Ravecca wirklich? Zebrino war ihnen nie begegnet. Zwischen Montecorvo und Verdaccio gab es keine gutnachbarlichen Beziehungen, und die beiden Dialekte waren sich sehr wenig ähnlich. Die Einwohner von Montecorvo gebrauchten einen anderen Ausdruck, wenn sie ihre Abfälle zum Fenster hinauswarfen; und sie hatten auch andere Sitten. Eine Tatsache schien aber Zebrino gewiß: daß sein Vater vor dreißig Jahren im Begriff gewesen war, sich mit einer Ravecca zu verloben, mit der letzten Frau der Familie, die nun Witwe war und mit ihren vielen Kindern in einem wüstenähnlichen Ort, in Fivizzano, wohnte. Sie mußte eine arme Märtyrerhausfrau ohne Geld sein, Zebrinos Mutter in nichts überlegen; aber die Tatsache an sich, die der Junge aus einem verzwickten Geflecht von Anspielungen, Sticheleien und kleinen Wortwechseln seiner Eltern herausdestilliert hatte, machte ihm verständlicherweise einen gewissen Eindruck. Wenn die Ereignisse einen andern Lauf genommen hätten, so wäre er, Zebrino, vielleicht dort in jenem weißen Turmhaus zur Welt gekommen und der Verdaccio hätte keine Geheimnisse für ihn gehabt. Wenn sein Vater eine andere Frau geheiratet hätte, so wäre er, Zebrino, ein anderer Zebrino gewesen und hätte vielleicht sogar diesen Spitznamen gar nicht gehabt ... Ob das wohl besser oder schlechter für ihn gewesen wäre?

Die Klienten seiner Familie, die Bettler, die jeden Samstag in einer Prozession zu ihrem Haus kamen, die Landstreicher von Pontremoli, die sogar imstande waren, sich im Verdaccio aufzuhalten, und Battibirba, der Bettelbruder, der von Sarzana herunterkam, um wegen Geld anzuklopfen, versicherten, daß Zebrinos Vater hundertmal reicher und großzügiger als alle Ravecca war, die seit Jahren heruntergekommen und verschuldet waren.

Aber Herr Zebrino senior hatte es nicht gern, wenn man auf einen möglichen Niedergang der Ravecca hinwies; er schätzte es nicht, wenn man die Heirat, der er in seiner Jugend nahe gewesen war, in ein ungünstiges Licht setzte. Vor allem wollte er nicht, daß man ihm eine Waffe entzog, die Waffe des *Wenn*, mit der er seine treue Lebensgefährtin methodisch erpreßte. Er verstand sich gut mit seiner Frau, das stimmt; aber wenn die Nudeln nach Genueser Art nicht gut gelungen und nicht genügend mit sardischem Schafskäse gewürzt waren oder wenn der gefüllte Ochsenmagen Brotkrume anstatt Kalbsgekröse und Pinienkerne zu enthalten schien, so hatte Zebrinos Vater immer einen großen Trumpf in der Hand: Er konnte – auf das weiße Haus am gegenüberliegenden Ufer hinweisend – zu verstehen geben, daß dort, ja dort, etwas Ähnliches nie vorgekommen wäre.

Im Laufe der Zeit löste sich der Mythus der Ravecca in der Seele des Kindes auf und wurde durch andere Entdeckungen und Sorgen verdrängt. Aber erst, nachdem dieser Mythus in einem Ereignis zutage getreten war, dessen Sinn er als einziger der Protagonisten erfaßte.

Am zwanzigsten September wurde in Montecorvo immer eine Ruderregatta abgehalten, die seit Jahren unfehlbar von *Lampo*, dem Boot von Zebrinos Familie, gewonnen wurde. Dieses Boot setzte sich dank seiner spitz zulaufenden Form und seines hohen Bugs, der nur geringen Tiefgang hatte, rascher als die andern in Bewegung; mit den ersten Schlägen der Ruderer kam es einen Meter oder einen halben Meter in Vorsprung, und dann half nichts mehr: Es schien unmöglich, es wieder einzuholen. Aber dieses Jahr – Zebrino war gewachsen und zählte schon zwölf Lenze – zeichnete sich eine neue Gefahr am Horizont ab: Die Fischerbarke der Ravecca, der *Grongo*, die nicht von den mythischen Besitzern, sondern von drei muskulösen Fischern aus Verdaccio geführt wurde, kam zum erstenmal zur Regatta, und das Risiko schien hoch. Nachdem die üblichen Belustigungen – der Schlaraffenbaum, das Sackhüpfen und die antiklerikale Rede des Anarchisten Papirio Triglia – zu Ende waren, stellten sich am

Horizont sechs Buge in Erwartung des Startschusses in eine Reihe. Die Strecke betrug vielleicht anderthalb Kilometer, und das Ziel war ungefähr hundert Meter vom Strand entfernt bei den ersten Felsblöcken sichtbar. Eine Menschenmenge hatte sich am Ufer angesammelt, und Zebrino, seine Geschwister und die Eltern verfolgten das Ereignis von oben, ans Geländer ihrer Terrasse gelehnt. *Lampo* oder *Grongo*? Der *Lampo* war vier Veteranen des Ortes anvertraut – drei Ruderer und ein Steuermann –, und auch hier ging es nicht direkt um die Ehre der Familie; aber Zebrino war aufgeregt, und auch seine Angehörigen waren nicht ruhig. Man sah die nebeneinander aufgereihten Buge weit in der Ferne, den hohen rot-weißen Bug des *Lampo* und den niedrigen dunkelgrünen und unglückverheißenden des *Grongo*. Von links gesehen waren sie der erste und der dritte. Plötzlich hörte man den Pistolenschuß und das gleichzeitige Losschnellen der ersten Ruderschläge. Das Fernglas ging von Hand zu Hand; aber niemandem gelang es, die Linsen richtig einzustellen. Die Boote schienen stillzustehen, die Ruder waren lautlos. Kleine Schiffe, Paddelboote und Schwimmer drängten sich um den Zielfelsen, auf dem, in Hemdsärmeln, Papirio Triglia, die »Behörden« und die Jury saßen.

Es schlug fünf Uhr nachmittags. Die Sonne brannte noch auf dem weiten Meeresbogen zwischen Mesco und der Landzunge von Monasteroli. Der Rauch eines Güterzuges drang aus einer tiefen Luke, die in die Felsen gesprengt war. Die rhythmische Bewegung der Ruder und die spärlichen Schimpfworte ließen das Schweigen der Küste noch größer erscheinen.

»*Lampo*«, sagte die Mutter bestimmt und nahm das Fernglas von der Nase. »Er hat einen halben Meter Vorsprung.« Und es war, als seufzte sie vor Erleichterung.

»Kann sein«, gab der ältere Bruder zu und krümmte seine Finger zu einem Fernrohr. »Aber diesmal ist es ein harter Brocken.«

»Hoffentlich setzen sich diese Lumpen ganz ein«, brummte der andere Bruder und hielt sich gegen die Sonne die Hand über die Augen.

»Tzzz!« machte Restin, der Sohn des Pächters, der seine gelben Luchsaugen auf den Bug des *Lampo* richtete. »Er ist heute zu buglastig. Er ist halt auch nicht mehr der Jüngste.«

Die Barken standen alle auf gleicher Höhe, und die fluchenden Ruderer und Steuerleute krümmten sich in einer Bewegung. Die Hälfte der Strecke mußte durchlaufen sein.

»Die von Verdaccio ziehen wie Bluthunde«, sagte der Vater und bemühte sich, das Fernglas einzustellen. »Ich fürchte, wir verlieren.« Und er schaute heimlich zum weißen Fleck über dem weit entfernten Dorf.

»Wir sind angeschmiert«, bestätigte Restin, riß seine Pupillen weit auf und kaute auf den Fingernägeln. »Der *Grongo* hält den Kurs besser ein. Seine Besatzung ist leichter.«

»Das ist noch nicht entschieden«, gab die Mutter zurück, ohne weiter hinzusehen.

»Ich habe es dir gesagt«, behauptete der Vater, der nun verärgert schien. »Nein«, gab er dann zu, »es ist noch nicht entschieden, aber es ist eine Sache von Millimetern.«

Vom Strand kam lautes Geschrei, *Lampo* und *Grongo* mit hohem und verstecktem Bug kämpften sich durch den Schaum der Wellen, mit deutlichem Vorsprung vor den andern Booten; die Rufe der Steuerleute übertönten das Knarren der Ruder. Es fehlten noch fünfzig, vielleicht noch dreißig Meter. Es war ein unendlicher Augenblick, Zebrinos Herz war beinahe am Zerspringen. Dann hörte man einen schrillen Ruf:

»*Lampo!*«, und Restin machte eine Eichhörnchenpirouette, während der rote Bug mit einem Schwenk des Steuers unter dem Draht durchging und die drei Ruderer sich ins Wasser stürzten, wie das bei den siegreichen Mannschaften Sitte war. Halb verdeckt von den Sturzwellen ging auch der *Grongo* durchs Ziel, und die Ruderer von Verdaccio, geschlagen, aber nicht überzeugt, bedachten die Jury und die Boote der Zuschauer mit gräßlichen Verwünschungen.

»Der *Lampo*«, sagte die Mutter stolz. »Den schlagen sie nicht.«

»Um ein Haar«, gab der Vater zurück und trocknete sich den Schweiß. »Das ist das letztemal, daß ich ihn diesen Trunkenbolden anvertraue. Und nun müssen wir ihnen auch noch einen ausgeben. Bist du zufrieden, Zebrino?«

Die Hand auf dem Herzen und ganz blaß, gab der Junge keine Antwort. Gegen Osten gewandt, starrten seine Augen auf den weißen Fleck, der sich über dem Verdaccio erhob.

Der Große Merlin

Nicht immer haben die Kinder – die natürlichsten und überzeugtesten Freunde und Feinde der Tiere – eine so reiche und vielfältige Fauna in Reich- oder Sichtweite wie diejenigen, die die zoologischen Gärten der großen Städte besuchen konnten, bevor die Bomben, die vom Himmel regneten, die Klapperschlangen und die tropischen Raubtiere in Freiheit setzten. Es gibt vor allem in den Ländern, die man (vielleicht nicht mehr lange) zivilisiert nennt, Kinder, denen das märchenhafte Bestiarium der Kindheit fast vollständig verschlossen bleibt; Kinder, für die der Hund, die Katze, das Pferd, in nicht immer vorbildlichen Exemplaren, die Herkulessäulen der Tierwelt darstellen. In ähnlichen Fällen halfen sich die Kinder meiner Generation, die den Fußballsport und das komplizierte mechanisierte Spielzeug noch nicht kannten, mit der Phantasie und nahmen Zuflucht zu den Legenden ihrer Vorfahren. Wo es keine Menagerie gab, bauten sie sich eine mit eigenen Mitteln. Ein kleiner Junge, den ich sehr gut kannte und der von allen Zebrino genannt wurde, weil er meist ein gestreiftes Hemdchen trug (und schon in der Wahl des Spitznamens lag vielleicht ein Hinweis auf seine Eigenart), wohnte in einem Dorf, das sehr arm an bizarren zoologischen Arten war, und deshalb nahm er, wie gesagt, Zuflucht zu den Quellen der Vorfahren und den Vorstellungen der Volksphantasie und zog daraus guten Nutzen. Er verbrachte die freien Sommermonate auf einem schmalen Erdstreifen dem Meer gegenüber, der von dem Rest der Welt durch hohe Felsmauern getrennt war. In diesem Dorf gab es keine Fahrstraßen, der Zug fuhr, in langen Tunnels versteckt, vorbei, ohne anzuhalten, und nur ein gelegentliches

Zittern des Bodens und der Rauch, der aus den in den Fels gesprengten Luken drang, zeugten von seiner Vorbeifahrt. Welt der Landung, Welt der Dürre, wo nur der Dachs, die Eichhörnchen und die Vögel eine mehr oder weniger feste Wohnstatt finden konnten, nicht die Wölfe oder die Wildschweine, die weite Heiden oder ausgedehnte Wälder brauchen. Zebrino war noch kein Jäger, und selten begleitete er die Männer seines Dorfs auf die Jagd. Die Vielfalt der Zugvögel war für ihn nur eine Anzahl von Namen, die seine Einbildungskraft nicht in Bewegung versetzten. Doch mit ein paar Fabelvögeln – dem Ziegenmelker und dem Großen Merlin – hatte er seit seinen ersten Lebensjahren Freundschaft geschlossen. Daß er sie wirklich gesehen hatte, wäre zuviel behauptet. Einen toten Ziegenmelker mit seinem behaarten und schnabellosen Saugnapfmund hatte er mindestens einmal gesehen, auch wenn in diesem Dorf die Ziegen ausnehmend selten waren. Aber der Große Merlin? Sogar seine bloße Existenz wurde bezweifelt, und zwar von ernsthaften Leuten, die in der Stadt studiert hatten. Und keiner der Jäger, denen Zebrino begegnet war, konnte sich rühmen, je einen geschossen zu haben. Er war oder mußte ein Raubvogel sein, größer als der Falke und kleiner als der Adler, mit kräftigen Flügeln, die jedoch nicht so breit waren, daß er vom Boden auffliegen konnte. Vom Jäger überrascht, stürzte er sich von der Höhe eines Felsens und blieb in der Luft schweben wie ein Segelflugzeug oder ein Papierdrachen, um sich dann weiter unten oder weiter oben wieder zu setzen, je nach der Gunst des Windes und der Größe der Gefahr, immer jedoch auf einen Vorsprung, der neues Hinuntertauchen erlaubte. Ein unfaßbarer Dämon, vorsichtig und schlau, zäh und gegen Kugeln gefeit. Tote Berg- oder Turmfalken, Wiedehopfe und Schwarzspechte hingen manchmal zusammengeschrumpft und schlaff wie schmutzige Taschentücher aus den Taschen der Wilderer, nie jedoch ein Großer Merlin, nein, dieser Traum war nicht zu verwirklichen.

Dieser Traum aber machte aus Zebrino für einen Tag einen Jäger. Er verfügte über kein Gewehr, und in seinem Alter war ans Waffentragen nicht zu denken. Zebrino, der Mitleid mit den toten Vögeln hatte und nicht daran dachte, den Weg von Sankt Hubertus einzuschlagen, plante jedoch mit stolzem Sinn im ersten Anlauf zu erreichen, was bisher noch niemandem gelungen war: Er wollte den Großen Merlin am ersten Tage seiner Laufbahn schießen und dann die Jagd für immer aufgeben. Zur Seite stand ihm Restin, der Sohn eines Pächters, auch er ein unbewaffneter Junge, der aber über Waffen und Gewehre Bescheid wußte. Sie arbeiteten mehrere Tage, sie nahmen ein Bleirohr und befestigten es mit Nägeln und Schnüren auf einem Holzstück, das die Form eines Gewehrkolbens hatte, und wo das geschlossene Ende des Rohrs das Holz berührte, bohrten sie ein Loch für die Zündschnur. Dann luden sie die Waffe mit Schwarzpulver, drückten darauf eine Handvoll mit der Schere zugeschnittener Bleivierecke, und um Pulver und Blei gut zu verschließen, stopften sie zerknülltes Papier ins Rohr und preßten es mit einem Stock fest zusammen. Eine einzige Ladung, die nicht fehlgehen durfte. Und eines Tages marschierten sie vor dem Morgengrauen los, versehen mit Schwefelhölzern und einer Zündschnur, die sie den Grubenarbeitern des Ortes gestohlen hatten.

Man mußte sich dem Großen Merlin nähern, das Schwefelholz und dann die Zündschnur anzünden, sobald der Raubvogel die ersten Zeichen von Unruhe gab, ihm mit der schußbereiten Waffe in Erwartung der Explosion zehn oder zwanzig Sekunden folgen ... und dann würde man sehen, wie er unter der Salve zusammenbrach. Zebrino nahm für sich die Rolle des Schützen in Anspruch, Restin mußte Streichholz und Zündschnur im richtigen Moment anzünden; der Ruhm der Unternehmung würde beiden in gleichem Maße zufallen.

Sie marschierten mehr als zwei Stunden und ließen die letzten Gärten und die mageren Olivenhaine, wo die Grasmücken friedlich zwitscherten, hinter sich, kamen in die Pinienzone und erreichten dann die Felsen, wo die inneren Täler sichtbar wurden, die durch große Steinmauern von der Umwelt abgeschnitten waren. In der Ferne glänzte das Meer, und von den Steinbrüchen drang rhythmisches Hämmern zu ihnen herauf.

Die wunderbare Begegnung ließ weniger, als vorauszusehen war, auf sich warten – ein breiter, umhüllender Schatten, der sie in Bodennähe streifte und im Dickicht eines steilen Felsvorsprungs verschwand, aus dem ein Schwarm kleiner, piepsender Vögel aufflog.

»Das ist der Große Merlin«, sagte Zebrino mit sicherer Stimme. (Man sagte ein Falke, eine Amsel, aber der Große Merlin, ohne Zahlwort, denn er war per definitionem einzig; es wäre Wahnsinn anzunehmen, es könnte deren zwei geben.)

»Bist du sicher?« fragte der zitternde Restin, der seine Aufregung nicht verbarg.

»Ganz sicher. Ich ziele. Halte dich bereit. Zünde das erste Schwefelholz an.«

Sie gingen auf Zehenspitzen auf das Dickicht zu. Restin zündete ein erstes, dann ein zweites und ein drittes Streichholz an und rümpfte die Nase beim Geruch des brennenden Schwefels. Er stand wie ein Schatten neben Zebrino. Sie waren beinahe am Rand des Felsens. Man hörte ein Rascheln, ein hohes Pfeifen, das Gebüsch bewegte sich, so als ob ein schwerer Körper hindurchgehe. Restin näherte das verlöschende Streichholz der Zündschnur.

»Ja ... ja«, sagte Zebrino und reichte ihm die Waffe, die er dann mit dem rauchenden Anhängsel in den Arm nahm. Es war ein einziger ewiger Augenblick. Der Rauch kräuselte sich in der Luft. Dann sah man ein bescheidenes Vögelchen – einen Spatz oder Specht – vom Boden auffliegen und sich auf den kahlen Zweig einer Pinie setzen. Ein paar Sekunden waren vergangen, die Ladung war am Explodieren. Zebrino hatte nicht mehr den Mut, um sich zu blicken, und fast ohne es zu wollen, richtete er sein Feuerrohr gegen das Vögelchen, und der Schuß ging los. Eine richtige Explosion riß ihm die Waffe, die in zwei Teile zersprang, aus den Händen und warf ihn fast zu Boden. Eine dicke Wolke teuflischen Rauches umhüllte alles, der Knall hallte in den fernen Tälern wider.

»Hast du dir weh getan?« fragte Restin totenblaß.

»Nein, aber das war eine böse Geschichte«, murmelte Zebrino, als er wenige Schritte von sich entfernt die beiden Hälften seiner Waffe entdeckte.

Der Specht hatte sich nicht von seinem Ast gerührt, er pickte und betrachtete sie neugierig.

Man hörte Schritte. Ein Grubenarbeiter mit einer alten Militärmütze und ein Bettelmönch kamen in großen Sprüngen die Felsen herunter. Sie fragten, ob den beiden Knaben nichts geschehen sei, und als Restin die Geschichte vom Großen Merlin erzählte (Zebrino war nicht einverstanden und machte ihm wütend Zeichen, er solle schweigen), gab der Grubenarbeiter keinen Kommentar, aber er wies mit der Hand gegen den Horizont auf andere Länder jenseits des breiten Meerarmes, der längs der Halbinsel glänzte.

»Der Große Merlin ... ja, der Große Merlin«, sagte er, wie um zu bedeuten, daß man ihn weit weg an anderen Ufern suchen müsse.

Er nahm eine Dose Corned beef aus der Tasche und teilte den Inhalt mit den beiden Knaben und dem Bettelmönch; dann stiegen alle vier schweigend zum ersten Olivenhain hinunter.

Laguzzi & Co.

Frau Laguzzi, die über unserer Wohnung im Corso Asmara wohnte, unterhielt vermutlich keine guten Beziehungen zu meiner Mutter. Geschah es, daß ein von ihr zum Trocknen aufgehängtes Wäschestück auf unseren Balkon fiel, so hielt die Nachbarin es nicht für passend, es bei uns zu holen oder diesen Auftrag einer Vertrauensperson zu geben, sondern sie stellte sich mit einem langen, zusammenlegbaren Stab bewaffnet ans Fenster – einer Angelrute, an der eine Schnur mit einem groben Haken hing – und setzte so ein Verfahren in Gang, das erst nach vielen Anstrengungen zum Ziel führte und das heruntergefallene Wäschestück wieder in ihren Besitz brachte. Ich war ein Kind und hatte wenig Neigung für das Leben am Meer, obwohl ich jedes Jahr nicht weniger als drei Monate an seinem Ufer verbrachte; und die Angelfischerei blieb für mich immer verbunden mit dem Bild, das die hartnäckige Laguzzi meiner kindlichen Phantasie eingeprägt hatte. Seit dieser Zeit konnte ich keinen Angelhaken mehr sehen, ohne daß die Vision verlorener Taschentücher, Unterröcke oder Büstenhalter in mir aufstieg. Ehrlicher als Shakespeares Autolycus, der die Wäsche anderer Leute von den Hecken zupfte, bediente sich die brave Frau Laguzzi ihres Hakens nur, um ihre eigenen Sachen in Sicherheit zu bringen, die ihr allerdings niemand streitig machte. Niemand, mit Ausnahme vielleicht des Kinds (ich selbst), das zwischen zwei Versuchen von ihr bestrebt war, die Beute ihrer Reichweite zu entziehen.

Der Balkon war groß und ging an zwei Seiten des Hauses entlang: Nur mein Vater spazierte dort, nach dem Abendessen, bevor es dunkel wurde, und morgens gegen acht Uhr hielt auch ich mich dort längere Zeit auf, um zu erspähen, wann der Pferdeomnibus des Instituts Vittorino da Feltre auftauchte, der mich zusammen mit ein paar anderen Privilegierten in die Schule brachte. Der Corso Asmara war eine in vielen Kurven ansteigende Straße ohne großen Verkehr und damals noch ziemlich an der Peripherie. In ihr wohnten keine vornehmen Leute, aber von meinem Balkon aus konnte man durch eine seitliche Öffnung das Tor eines Patrizierhauses sehen, wo eine Familie lebte, die Kutschen, Pferde, Diener im Frack und einen in der Stadt geschätzten Namen hatte. Eine auch meinen kühnsten Hoffnungen unzugängliche Welt. Der einzige Mensch, den ich im Corso Asmara kannte, war der Tabakhändler, bei dem ich die von meinem Vater bevorzugten Cavour-Zigarren und für mich eine Lakritzenstange kaufte. Die einzigen möglichen Begegnungen waren der zittrige Eisverkäufer, den man »Onkel A« nannte wegen der langgedehnten »ah! ah!«, die er von sich gab, während er seinen Wagen hinter sich herzog; und Pippo Bixio, mein Feind, der mich manchmal prügelte und der Zigarren und der Lakritze beraubte.

Nach ein paar Jahren zogen wir in ein anderes Viertel, in eine moderne niedrige Wohnung mit allem Komfort, den Aufzug und die immer ausgeschaltete Heizung einbegriffen, und mit einem bungalowartigen Eßzimmer, in dem man sich wie in einem Haifisch vorkam. Nachdem ich die Mittelschule absolviert hatte, wurde ich bald achtzehn und dann auch rasch zwanzig Jahre alt und begann abends auszugehen. Ich spazierte ziellos unter den Arkaden herum, kannte niemanden und war nie mehr am Corso Asmara vorbeigekommen. Eines Tages begann ein junger Bildhauer, den ich zufällig kennengelernt hatte, mich unter seine Fittiche zu nehmen; er verkündete mir, ich hätte einen »interessanten« Charakter, und versprach, mich in »seine Kreise« einzuführen. Er hielt Wort und kam zu einer unserer nächsten Verabredungen in Melone und Lackschuhen, und eine halbe Stunde später stiegen wir vor der Festung, die ich so viele Jahre von meinem Balkon aus beobachtet hatte, aus einer Kutsche, die mein Freund gemietet hatte. Mir war, als ob ich träumte.

Ich wurde der Hausfrau, einer Verwandten von ihr und einer deutschen Erzieherin vorgestellt, alles dicke Frauen, denen der Bildhauer die Hand küßte; dann kamen die Kinder, zwei Söhne und eine Tochter, alle mit gelben Haaren und offenbar sehr vertraut mit dem Bildhauer. Die Wohnung war reich ausgestattet, und die vielen Bilder an den Wänden schienen aus Streifen, Pünktchen und Konfetti gemacht, was von allen als modern bezeichnet wurde. Wir machten auch einen Gang durch den Garten, der hoch über dem Hafen lag und eine unvergleichliche Aussicht bot. Dann trank man Tee aus dem Samowar, einem glänzenden und summenden Möbelchen. Alle sprachen ein sehr gepflegtes Italienisch, wenn auch mit einem entsetzlich dialektalen Tonfall. Es wurde über einen im *Caffaro* erschienenen Artikel über Fogazzaros *Leila* diskutiert, und ein Herr mit weißem Haarschopf sang, von der Erzieherin begleitet, »Zazà, kleine Zigeunerin«.

Ich blieb zwei Stunden, die mir wegen meiner Schüchternheit lang wurden, dann schien es mir schicklich, mich zu verabschieden. Sehr obenhin wurde mir gesagt, ich solle mich doch wieder einmal zeigen, und ich verließ den Raum, liebenswürdig begleitet vom jüngeren Sohn, Giacinto, weil der beneidenswerte Bildhauer zum Essen blieb. Giacinto, der beinahe gleich alt war wie ich, trieb die Höflichkeit so weit, daß er mit mir noch ein paar Schritte auf den Corso Asmara zu machte. Wir gelangten miteinander genau unter den Balkon meiner Kindheit. Während der junge Mann mir mit Beschützermiene die Hand drückte, hob ich die Augen und sah mit einem jähen Herzklopfen Frau L'aguzzis Angelrute aus dem Fenster hängen. Offensichtlich hatte die unsterbliche Alte sich auch mit unseren Nachfolgern zerstritten. Es war nur ein Augenblick, aber Giacinto und seine Familie (der Bildhauer einbegriffen) wußten nichts von meiner Vergangenheit, und ich war fest entschlossen, sie in dieser Unwissenheit zu lassen. Deshalb fragte ich, ohne eine Miene zu verziehen:

»Was ist denn dort oben los? Wird dort gefischt?«

»Es sieht so aus«, sagte Giacinto zerstreut. »Diese Angelrute sehe ich oft beim Vorübergehen. Wer weiß, warum ... Es ist ein Kleinbürgerhaus ...«

Ich empfing den Schlag, ohne zu wanken. Nur der kleine Schurke Pippo Bixio hätte mich entlarven können, wenn er uns begegnet wäre. Aber zu der gefürchteten Begegnung kam es weder an diesem Tag noch später einmal. Für mich begann wirklich ein neues Leben.

Das Haus mit den zwei Palmen

Der Zug würde bald ankommen. Auf der kurzen Strecke zwischen zwei Tunnels – es dauerte einen Augenblick, wenn der Zug ein Eilzug, und eine Ewigkeit, wenn es ein Personen- oder Arbeiterzug war – erschien und verschwand die Villa, eine gelbliche, etwas verblichene Pagode, vor der zwei symmetrische, aber nicht ganz gleich große Palmen aufragten. Sie waren Zwillinge, als sie im Jahre des Herrn 1900 gepflanzt worden waren, dann war aber eine rascher als die andere gewachsen, und man hatte kein Mittel gefunden, um das Wachstum der ersten zu verlangsamen und dasjenige der zweiten zu beschleunigen. An diesem Tag war es ein Arbeiterzug, und die Villa war lange sichtbar, obwohl sie jetzt von jüngeren Gebäuden halb verdeckt wurde. An der Westseite, am Ende einer kleinen Treppe, die durch eine Hecke von Spiersträuchern getarnt war, stand gewöhnlich jemand (Mutter, Tante, Kusine oder Nichte) und schwenkte ein Handtuch, um den Ankommenden zu grüßen und vor allem (wenn vom Zug ein Taschentuch Antwort winkte) die Gnocchi eilig ins siedende Wasser zu werfen. Sechs oder sieben Minuten später wurde mit der Ankunft des jeweiligen Verwandten gerechnet, der gebührend müde und ausgehungert war von den fünf Stunden Zug und Rauch.

An diesem Tag schwenkte niemand ein weißes Tuch von der Treppe. Federigo gab das ein Gefühl der Leere, und er zog seinen Kopf zurück, bevor das Züglein in den letzten Tunnel einfuhr. Dann nahm er seinen Koffer vom Netz und machte sich bereit, die Hände am Türgriff. Die Lokomotive verlangsamte ihre Fahrt mit einem langen Pfiff, dem Dunkel folgte die Helle, und mit einem Ruck hielt der Zug. Federigo stieg aus und ließ seinen Koffer mit einiger Anstrengung zu Boden gleiten. Der kleine Bahnhof lag im Einschnitt zwischen zwei Tunnels einem steilen Abhang von Reben und Felsen gegenüber. Wer die Reise fortsetzte, trat sogleich wieder ins Dunkel ein.

»Gepäckträger?« fragte ein braungebrannter barfüßiger Mann und näherte sich dem einzigen Reisenden mit Krawatte und Kragen.

»Hier«, sagte Federigo und wies auf den Koffer, und dabei fragte er sich: Wer ist das nur?, weil dieses Gesicht ihm nicht unbekannt war; bis ein Blitz sein Hirn erleuchtete und er herzlich hinzusetzte: »Oh, Gresta, wie geht es dir?«, und er drückte dem Mann, der sich mit seinem Gepäck belud, die Hand.

Es war ein Jugendfreund, ein Kamerad beim Jagen und Fischen, den er seit dreißig Jahren nicht mehr gesehen und seit mindestens zwanzig Jahren vergessen hatte. Ein Einheimischer, ein Bauernsohn, der mit den Kindern des einzigen vornehmen Herrn des Dorfes spielen durfte, als Federigo noch das Kind vornehmer Leute zu sein glaubte. Sie gingen die Treppe hinunter und waren sogleich am Meer, nur ein Mäuerchen und eine dünne Reihe von Tamarisken trennte sie von den Wellen. Auf der Linken führte ein anderer Tunnel zum unsichtbaren Dorf, rechts sah man die Häuser, die ein paar ehemaligen Emigranten gehörten und die sich, von armseligen Gemüsegärten umgeben, an Felsvorsprünge klammerten. Man mußte auf dieser Straße weitergehen, dann nach rechts in ein ausgetrocknetes Bachbett abbiegen, um die Pagode zu erreichen, von der aus niemand – wirklich niemand – ein weißes Tuch im Winde hatte flattern lassen. Sie machten sich plaudernd auf den Weg. Federigo fand in sich einen Dialekt wieder, den er glaubte vergessen zu haben; und weil Gresta im übrigen ganz gleich geblieben war – Gresta, »Hahnenkamm«, war er wegen seines Haarschopfs genannt worden, von dem mittlerweile nichts mehr geblieben war – und auch der Weg und die Häuser, die man in der Nähe sah, sich nicht verändert hatten, war dieser Sprung aus seiner Alltagswelt, dieses Wiederfinden einer Zeit, die nur noch in seiner Einbildung gelebt hatte, für ihn etwas wirklich Wunderbares. Federigo glaubte einen Augenblick, wahnsinnig zu werden, und es wurde ihm klar, was geschehen würde, wenn man das vergangene Leben *da capo* und *ne varietur* noch mal abspielen könnte wie eine einmal für immer aufgenommene Schallplatte.

Beim genaueren Nachdenken gab es Varianten (das Fehlen des Grußes mit dem Handtuch zum Beispiel), und Federigos Verwirrung war nur von kurzer Dauer. Gresta schien nichts davon bemerkt zu haben. Er sprach von der Sardinenfischerei, von der Ernte, vom ersten Vorüberziehen der Wildtauben – beiläufig auch vom Vorüberziehen der Deutschen und ihrer Schikanen –, auch hier war die Mischung von Altem und Neuem nicht dazu angetan, Federigo in seinem ersten Eindruck von der Umkehrbarkeit der zeitlichen Ordnung zu bestärken.

Ein rosafarbenes Haus, dessen erster Stock wie ein aufgesetzter Bungalow aussah, schien dagegen seine erste Täuschung zu bestätigen, weil jeder Stein, jede Reparatur und sogar der Geruch von faulem Fisch und Teer, von dem es umgeben war, ihn gefährlich in den Schlund der Erinnerung hinunterzogen; aber auch in diesem Fall erlöste ihn der hilfreiche Gresta rasch aus seiner Verlegenheit, indem er ihm mitteilte, daß Grazzini, der barfüßige dicke Besitzer, der in den Minen Südafrikas Diamanten gescheffelt hatte, seit einiger Zeit nicht mehr lebte und der Besitz in andere Hände übergegangen war. Zwei Schritte weiter fürchtete Federigo am Fenster eines blutwurstroten Mietshauses den nicht weniger dickwanstigen Herrn Cardello zu erblicken, der im Dorf sehr geachtet war, obwohl er seine erste Frau mit einem Fußtritt in den Bauch getötet hatte. Die Furcht war sinnlos, denn im ganzen Umkreis war nicht einmal mehr der Schatten Cardellos vorhanden.

Und der Rechtsanwalt Lamponi, der seinen Bruder zum Selbstmord getrieben hatte, um dessen Lebensversicherung zu kassieren? (Ein spitzwinkliges flaschengrünes Chalet.) Und der Cavaliere Frissi, der in Montevideo seinen leeren Laden mehrmals angezündet hatte, um sich seine Taschen mit Geld zu füllen? (Ein Monstrum von Türmchen, Säulchen, verwickeltem Gestänge und Schlingpflanzen, die einen Schwarm von Insekten und Mäusen ins Haus brachten. Und aus dem Innern der Höllenlärm eines Trichtergrammophons – *Ridi Pagliaccio! Niun mi tema. Chi mi frena in tal momento?* – und die stürmischen *caramba!* eines cholerischen alten Trinkers.)

Einen Augenblick fürchtete Federigo, sie würden ihm entgegenkommen, die beiden Herren aus der Nachbarschaft: der erste in Unterhosen, das tanzende Bäuchlein über den entblößten Waden und eine Goldkette auf der behaarten Brust; der andere mit düsterem Gesicht unter der Krempe des Sombrero aus Stroh, umgeben von weiblichen Wesen in Trauerkleidern und vom üppigen und beinahe faßbaren Glorienschein der einmal erreichten »Position« und der mit vollen Händen verteilten Wohltätigkeit. Aber es drohte keine Gefahr. Gresta erwähnte andere Namen, sprach von anderen Besitzern, und nur die Form der abbröckelnden Häuser und die Schaufeln einer Windpumpe erinnerten Federigo an seine Jugendjahre.

Endlich kam der letzte Engpaß: das trockene Bachbett mit dem etwas erhöht geführten Weg, die rote Brücke, das rostige Tor und die Allee, die zu der von den zwei alten Bäumen beschützten Pagode hinaufführte. Der Kies knirschte unter Federigos Schuhen, auf dem Ast eines Feigenbaums schaukelte ein Fink und erfüllte die Luft mit den Schnörkeln seines Gesangs, und vom Wäscherinnenteich kam eine weißhaarige, aber nicht alte Frau, um ihn zu begrüßen.

»Oh, Maria«, sagte Federigo einfach, und es war noch einmal, als ob dreißig Jahre plötzlich zurückweichen würden und Federigo wieder der Junge von einst wäre und gleichzeitig im Besitz der Reichtümer bliebe, die er später angehäuft hatte. Aber was für Reichtümer? Keine Diamanten, keine abgebrannten Läden, kein ins Reich der Väter beförderter Verwandter, kein materieller und nützlicher Kontakt mit dem hiesigen Besitz. Eine gegen seinen Willen ständig fortschreitende Entwurzelung, eine lange

Reise durch Ideen und Formen des Lebens, die hier unbekannt waren, das Eintauchen in eine Zeit, die nicht von Herrn Frissis Sonnenuhr gemessen wurde. War das der Reichtum Federigos? Dies und nicht viel mehr, wenn auch sein Koffer schwer war.

Am Ende der Treppe wurde Gresta mit einem Trinkgeld und einem Händedruck verabschiedet, und Federigo folgte dem gealterten Dienstmädchen, das sein ganzes Leben mit den Seinen verbracht hatte. Sie sprachen ungezwungen miteinander, ohne sich zu sagen, wieviel älter sie geworden waren. Sie sprachen von den Lebenden und mehr noch von den Toten. Sie kamen vor die Pagode, Federigo wandte sich um und erkannte wieder das weite Amphitheater, in welches das Meer einströmte, er sah wieder die schiefe Pappel neben dem Gewächshaus, wo er mit einem Flobertgewehr seinen ersten Vogel geschossen hatte, er hob seine Augen zu dem Fenster des dritten Stocks, wo die Ahnenbilder hingen, und trat dann ins Eßzimmer zu ebener Erde und ließ seinen Blick über die rissigen Wände gehen. Die Sammlung von Lanzen und Pfeilen, Geschenk eines Unteroffiziers vom Leuchtturm, der Jahre in Eritrea verbracht hatte, war verschwunden, aber der Holzschnitt, der einen jungen und strengen Verdi darstellte, hing noch da. Federigo ging eilig durch die Wohnung, und er zuckte zusammen, wie wenn ihm das Familiengespenst begegnet wäre, als er unter einem gewissen Sitz aus Porzellan die Fabrikmarke »The Preferable, Sanitary Closet« wieder las, der erste englische Satz, an den er sich erinnern konnte. In diesem Kämmerchen hatte sich wirklich nichts verändert. In den übrigen Zimmern fand er Neuerungen: zusätzliche Betten, leere Wiegen, neue Heiligenbildchen in den Spiegeln, Zeugen anderer Existenzen, die die seine ersetzt hatten. Er ging auch in die Küche, wo Maria in die Kohlen blies, er hängte ein Mückennetz über das Bett, in dem er schlafen würde, nahm einen Liegestuhl und legte sich vor das Haus, dessen fünfzehnten Teil er besaß.

Er sagte sich: Ein paar Tage Ferien mit meinen Toten, sie werden rasch vorbei sein. Sogleich aber dachte er mit Sorge an den Geschmack der Speisen, die ihm aufgetischt würden. Kein schlechter Geschmack, aber eben dieser bestimmte Geschmack, der von Generation zu Generation weitergegeben wurde und den keine Köchin je vernichten kann. Eine Kontinuität, die, wenn sie anderswo zerstört wird, im Bratfett, in der Schärfe von Knoblauch, Zwiebeln und Basilikum und in den im Marmormörser zerstampften Füllungen weiterbesteht. Sie ist daran schuld, daß auch seine zu einer leichteren Speise verurteilten Toten manchmal auf die Erde zurückkehren müssen.

»Und du hast doch ein eigenes Haus am Meer«, hatten seine Freunde oft zu ihm gesagt, erstaunt darüber, ihn an gewissen mondänen Badeorten anzutreffen, wo auch das Meer wie aus der Büchse serviert wirkt. Er hatte tatsächlich ein Haus (zu einem Fünfzehntel) und war zurückgekommen, um es wiederzusehen.

Aus dem Innern des Hauses drang das diskrete Klirren eines Glases und machte ihn darauf aufmerksam, daß das Abendessen auf dem Tisch stand. Nicht mehr das Seehorn, das sein Bruder an die Lippen setzte und wie eine Posaune blies, um die Familie zu versammeln. Wo war das Seehorn hingekommen? Man mußte es suchen.

Federigo stand auf, zielte mit dem Finger auf den Fink, der ihm gefolgt war und sich bis auf die Pappel neben dem Gewächshaus vorgewagt hatte; in Gedanken gab er einen Schuß ab.

»Ich bin lächerlich«, murmelte er dann. »Ich werde hier angenehme Ferien verbringen.«

Die bärtige Frau

Der korrekt und grau gekleidete ältere Herr, der bei Schulschluß vor dem Barnabiterkollegium stand, hatte zuerst unter den wenigen Erwachsenen, die draußen warteten, keine Aufmerksamkeit erregt. Nur der Portier brummte: »Den habe ich noch nie gesehen; was macht der hier?« Die Kinder kamen in Gruppen, zu zweit, zu dritt oder auch allein heraus; nur wenige fanden einen Erwachsenen, der sie bei der Hand nahm. Unter diesen Erwachsenen erblickte der ältere Herr zu seinem Verdruß keine einzige Dienstmagd. Höchstens ein paar Zimmermädchen, die Hüte trugen, aber keine Mägde.

Der ältere Herr – nennen wir ihn um der Kürze willen Herrn M. – sagte halblaut: »Das war zu erwarten« und ging langsam auf die Arkaden der Via XX Settembre zu. Diese Arkaden sahen noch aus wie vor vierzig Jahren, und auch das Schulgebäude war nicht sehr verändert. Herr M. war ziemlich verändert, und er wußte es, aber da er es vermied, sich in den Scheiben der Schaufenster anzusehen, war es ihm auch möglich zu vergessen, daß vierzig Jahre nicht ohne Spuren an ihm vorübergegangen waren. Deshalb streckte er der Frau, die ihm entgegenkam, das Körbchen hin, das sein Mittagsbrot enthalten hatte, und auch die Bücher, die ein Gummiband in einem Wachstuchumschlag zusammenhielt, und ließ sich bis zum schwierigen Übergang führen, wo die Via Ugo Foscolo einmündet, ein sehr belebter Straßenabschnitt, der von Wagen und Automobilen befahren wird, die sich den Anweisungen des »bacchifero« nicht fügen – so nannte man in der Stadt den Verkehrspolizisten, den Mann mit dem Stab. Dann, am Anfang des Zickzackaufstiegs, der den Namen des Dichters der »Grazie« trägt, löste Herr M. seine Hand aus derjenigen der alten Frau und rannte auf eigene Faust vorwärts. Die alte Frau folgte gebückt, das Körbchen und das Bücherpaket in ihren zitternden Händen, und der Abstand zwischen ihnen wuchs langsam: Es war nicht möglich, mit dem »Lausbub« Schritt zu halten.

Herr M. wußte sehr wohl, daß er kein Lausbub mehr war, er hatte auch nicht vergessen, daß die alte Maria vor dreißig Jahren im Altersheim gestorben war, wo man sie hingebracht hatte, als man die Achtzigjährige, die von Tag zu Tag mehr verfiel, um nicht zu sagen verweste, nicht mehr im Hause pflegen konnte. Er wußte es, weil aber die Straßen und Häuser zwischen dem Barnabiterkollegium und dem Haus, in dem er vor vierzig Jahren gewohnt hatte, fast gleich geblieben waren, fand er es nicht verrückt, die verstorbene Hüterin seiner Kinderspaziergänge körperlich und geistig zurückzuträumen. Warum hatte er denn den Schulschluß von ebendieser Schule abgewartet, wenn nicht, um sie wiederzufinden? Es gab nur noch zwei Orte, wo er sich Maria körperlich ins Gedächtnis rufen konnte: diese Strecke und die Küche des väterlichen Hauses in Montecorvo, wo Herr M. seit Jahren keinen Fuß mehr hinsetzte. An andere zerstörte oder an neue Bewohner übergegangene Wohnungen war nicht zu denken.

Herr M. hielt unter den Mauern der Acquasola an und setzte sich auf einen Prellstein: Ich muß auf sie warten, dachte er, sie ist zu weit zurückgeblieben.

Maria war alt, seit sie geboren war, Analphabetin, stets gebückt und bärtig, aber sie hatte das Vermögen der M. hartnäckig gehütet, noch bevor der Pater familias einen eigenen Hausstand gegründet und sich in nicht unwürdigen Nachkommen fortgepflanzt hatte, und war zwischen fünfzehn und achtzig Jahren Schiedsrichterin und Lenkerin seines Hauses gewesen. Sie hatte auch ein eigenes Haus gehabt, das versteht sich; aber um dorthin zu gelangen, mußte sie auf den Sommeraufenthalt in Montecorvo warten und von da etwa zehn Stunden zu Fuß gehen. In den ersten Jahren hatte sie dieses Unternehmen zwei- oder dreimal auf sich genommen; als sie sich aber bewußt wurde, daß man sie dort kaum mehr kannte und als eine Fremde betrachtete, hatte sich Maria von der Hütte ihrer Laren losgelöst. Sie besaß zwei fast eigene Häuser, eines in der Stadt und eines auf dem Land, fast eigene Kinder, die sie zur Schule begleitete und die in guten Zeitabständen aufeinandergefolgt waren, von zwei bis zu fünfzehn Jahren, was ihr Pflege und Fürsorge über viele Jahre hin garantierte, Pflege und Fürsorge, die an einem gewissen Punkt aufhörten und dann immer wieder verheißungsvoll neu begannen. Die Freude am Leben entsteht aus der Wiederholung von gewissen Gesten und gewissen Gewohnheiten, aus der Tatsache, daß man sich sagen kann: »Ich werde das, was ich gemacht habe, wiederholen, und es wird fast, aber nicht ganz gleich wie das letztemal sein.« Sie entsteht aus dem Verschiedenen im Gleichen und ist dasselbe für den Analphabeten wie für den Literaten.

»Da ist sie«, sagte Herr M., als er sie näher kommen sah, und entfernte sich mit kleinen Sprüngen in Richtung Via Serra und erklomm etwas asthmatisch die Salita dei Cappuccini. Oben fand er das Milchgeschäft, wo er einst ein Glas Milch trank und an einem Keks knabberte. Er setzte sich auch diesmal in den Garten, war aber unangenehm überrascht, daß er sich in einem modernen Café befand, wo es nach Kaffee und nicht nach frischgemolkener Milch roch. Er blieb einen Augenblick unsicher sitzen, bis ein Kellner auf ihn zukam. Dann sagte er kurz: »Ich habe mich getäuscht« und ging zum Erstaunen der wenigen Gäste rasch wieder hinaus.

Maria erschien nun keuchend, und er begleitete sie ein Stück weit. Es machte ihm Spaß, sie mit unschuldigen Scherzen zu necken; erst später wurden seine Pfeile spitzer. Die Truppen Napoleons hatten das Val di Levanto durchquert, als sie noch sehr jung war. Wie hatte sie sich damals verteidigt? War die Unberührtheit, deren sie sich immer gerühmt hatte, nicht geflunkert?

Maria war natürlich ein halbes Jahrhundert nach dem Durchgang jener Truppen zur Welt gekommen, aber sie wußte das nicht und begnügte sich damit, sich hinter hartnäckigen und unbegründeten Verneinungen zu verschanzen. Sie sagte, sie erinnere sich an nichts, weder an Soldaten noch an Offiziere; einen Verlobten habe sie gehabt, aber von dem habe sie sich keinen Finger berühren lassen. Er hatte das Dorf verlassen, um Arbeit zu suchen, und man hatte nie mehr etwas von ihm gehört. Wer weiß, seit wie vielen Jahren er schon tot war.

Herr M. wollte nicht ein Thema anschneiden, das mit den zehn Jahren, die er sich zugeschrieben hatte, nicht vereinbar war; aber es kamen ihm keine anderen Worte auf die Lippen. Obwohl er sich in die früheste Jugend zurückversetzt hatte, konnte er sich von dem, was nachher gekommen war, nicht lösen. Er sah Maria im Altersheim, als sie nicht mehr fähig war, auf den Füßen zu stehen, aber immer Streit hatte mit ihren Genossinnen und mit den Nonnen, die mit dem Zucker so geizig waren; er las ihre Todesanzeige wieder, die er erhalten hatte, als er das väterliche Haus schon seit vielen Jahren verlassen hatte. Wo war die alte Frau begraben? Er hatte ihr Grab nie besucht. Er erinnerte sich fast nie an Maria; ihr Bild erschien ihm nur blitzartig in den dunkelsten Stunden seines Lebens. Die Existenz dieser Maria, dieser alten zerlumpten Analphabetin, war zweifellos unnütz, ohne Sinn und ohne Zweck. Herr M. war bestimmt der einzige Mensch auf der Welt, der noch einen Schimmer von Erinnerung an sie besaß. Manchmal hatte er gegen diese Erinnerung gekämpft und versucht, sich ihrer wie eines abgenützten Lappens zu entledigen. In allen Häusern, die ihren Besitzer nicht gewechselt haben, gibt es irgendein leeres Gefäß, irgendwelchen Plunder, den keiner der Nachkommen zu berühren wagt. Im Leben von Herrn M., der kein Haus mehr hatte, gab es kein altehrwürdiges Gerümpel, das sich diese Tabufunktion hätte anmaßen können. Es blieb ihm nur dieser zitternde und keuchende Schatten, den er seit Jahren zu verscheuchen suchte und der nun an seiner Seite schwer atmete, um mit ihm, der wie ein Reh lief, Schritt zu halten.

Eine unnütze Existenz? Was für ein Irrtum, sagte sich Herr M.

Wenn alle alten Dienstmädchen aus der Welt verschwunden sein werden, wenn jedes Räderwerk des Universums einen Namen, eine Funktion und ein Bewußtsein hat, wenn die Waage der Rechte und der Pflichten in vollkommenem Gleichgewicht ist, wer kann dann noch mit einem Gespenst nach Hause gehen, wer kann dann den Schrecken der Einsamkeit noch besiegen, weil er an seiner Seite den Schutz eines engelhaften und bärtigen Ungeheuers fühlt?

Herr M. hatte sich auf die Rampe gestützt und sah auf das unendliche graue Dächermeer hinunter, auf den Hafen, den Leuchtturm, das vom Südwestwind gepeitschte Meer jenseits der Hafenmauern. Hierherauf konnte man auch mit einem Lift aus der Stadtmitte gelangen. Und ab und zu, wenn die Kabine des Lifts angekommen war, überquerte ein Grüppchen Menschen den kleinen Platz, ohne rückwärts zu schauen und die allzu bekannte Landschaft zu betrachten.

Eine Stimme, die ihn bei seinem Namen rief, rüttelte ihn auf.

»Bist du es wirklich? *Was machst du da allein?* Seit dreißig Jahren sind wir uns nicht mehr begegnet.«

Es war ein alter Schulkamerad, nicht von der Volksschule, ein Mann in seinem Alter, ein unbedeutendes Gesicht. Er versuchte, sich an seinen Namen zu erinnern, indem er im Dunkel seines Gedächtnisses stöberte. Burlamacchi? Cacciapuoti? Es mußten vier Silben sein ...

»Ja«, sagte er, »das ist wirklich eine erfreuliche Begegnung. Ich bin nur auf der Durchreise hier ... allein ... und ich bin kurz ausgestiegen ...«

Er stotterte. Hatte der andere denn nichts bemerkt? Er drehte sich um und sah in der Nähe der Mauer zwei oder drei alte Frauen und ein paar Kinder, die sich nicht um ihn zu kümmern schienen. Maria aber war nicht da; sie hatte ihn noch nicht eingeholt oder war allein weitergegangen.

»Ich muß rasch wieder in die Stadt hinunter«, sagte er und ging zum Käfig des Aufzugs. »Auf Wiedersehen. Wir werden uns wiedersehen, bald ... später ... ich weiß nicht.«

Er verschwand in der Kabine, die sich schloß und rasch in die Tiefe sank. Der andere ging auf der Ringstraße weiter und schüttelte den Kopf.

Das Schöne kommt danach

Kaum hatten sie sich gesetzt, verbeugte sich der junge Kellner, der ihnen die Speisekarte vorgelegt hatte, voll Anerkennung angesichts der raschen und entschlossenen Wahl der Dame.

»Consommé double, ein Kalbssteak *nature*, einen gebratenen Apfel und einen Manzanillo.«

»Manzanillo? Was ist das?« fragte der Herr, der sie begleitete. »Der Manzanillobaum tötet denjenigen, der unter ihm schläft. Sein Schatten ist mörderisch.«

»Als Getränk ist er der letzte Schrei: Es gibt Leute, die sagen, man gewinne ihn aus Johannisbrot. Er bewirkt eine leichte und sehr angenehme Übelkeit. Aber einer genügt nicht, man braucht drei oder vier am Tag.«

Sie wies auf die Figuren eines Reklameplakates: Männer und Frauen mit eigelbem Haar, die festlich gekleidet im Schatten eines großen Baumes lagen und mit Mineralwasserfläschchen bewehrt waren, die wie Handgranaten aussahen: alle lächelnd und glücklich.

Der Herr studierte immer noch sehr unentschlossen die Speisekarte. Ein älterer und besser rasierter Kellner, der die Weinkarte brachte, kam ihm zu Hilfe.

»Chiaretto, Bardolino, Chianti? Tokai aus dem Friaul? Clastidio? Paradiso aus dem Veltlin? Oder Inferno?«

»Paradiso geht. Und für den Augenblick nichts anderes. Ich muß es mir überlegen. Bedienen Sie die Dame.«

Die Kellner entfernten sich, und der Herr beugte sich weiter über die Karte.

»Forelle blau«, sagte er halblaut. »Seezunge Müllerin. Aal

nach Livorneser Art. Ach ja! Das lockt mich nicht, aber es erinnert mich an das schlammige Rinnsal, das an unserem Haus vorbeifloß. Wer weiß, ob es verschwunden ist. Es schlängelte sich, vielleicht schlängelt es sich immer noch, zwischen Steinblöcken und Schilf, und sein Ufer ist nur auf kleinen Strecken begehbar. Wenn es viel geregnet hat, entstehen Tümpel, um die sich die Wäscherinnen drängen. Da findet man aber auch die besten Aale der Welt. Vereinzelte kleine, gelbliche Aale, die man unter der fettigen Oberfläche aus Seife, die das Wasser trübt, kaum sieht. Um einen zu fangen, muß man eine dieser Pfützen mit Schieferstücken, die man fest in den Schlamm hineindrückt, einfassen und stauen und sie dann mit der hohlen Hand ausschöpfen und, bevor das Wasser wieder eindringt, barfuß in dem Graben stehen und zwischen den Kieseln und dem faulen Gras des Grundes wühlen. Wenn der Aal auftauchte und wir eine Gabel hatten, war der Fang beinahe sicher: ein Stich, und man konnte den blutenden Aal in die Höhe halten und ans Ufer werfen, wo er sich nur noch ein wenig krümmte. Ohne Gabel war die Sache schwierig: Der Aal entglitt unseren Fingern, fand hinter einer Seifenblase Schutz und verschwand. Man konnte sich eine halbe Stunde anstrengen, um einen zwanzig Zentimeter langen schlüpfrigen, schmutzigen, zerschundenen und ungenießbaren Aal zu fangen.«

»Hast du ihn dann gegessen?« fragte sie und strich gelben Senf auf das halbrohe, vom Grill mit Zebrastreifen versehene Steak.

»Wir aßen ihn zu dritt oder zu viert, nachdem wir ihn auf einem Feuer aus Stroh und Papier leicht angebraten hatten. Er schmeckte nach Rauch und Schlamm. Er schmeckte köstlich. Er war aber nur der erste Gang unseres Essens. Gewöhnlich hatten wir auch ein Hauptgericht: zum Beispiel eine Gartengrasmücke. Wir standen zu zweit oder zu dritt unter einer krummen Pappel auf der Lauer, gut geschützt im engen Gang zwischen zwei Reihen von Spiersträuchern. Meine Freunde hatten Gummischleudern, und ich besaß ein Flobertgewehr, das mit drei oder vier mikroskopisch kleinen Kugeln geladen war.

Wir sahen das Vögelchen auf dem Feigenbaum hüpfen, es war honigfarben und nährte sich von Feigen, die es mit raschen Schnabelhieben öffnete. Es flog selten vom Feigenbaum auf die Pappel; und unter jenem Feigenbaum konnte man sich nicht verstecken. Immerhin geschah es zwei- oder dreimal während der Saison, daß die Gartengrasmücke (für uns war es immer *sie*, immer dieselbe) mit einem kurzen Flügelwippen den engen Gang überflog und sich auf die Pappel setzte. Wenn sie zu weit oben oder zu sehr von Zweigen geschützt war, konnte man nichts unternehmen; aber manchmal setzte sie sich auch unten, ohne Dekkung ein paar Meter von uns entfernt; und dann schossen wir alle zusammen, mit dem Gewehr und den Schleudern.

Sie fiel schräg herunter, als wollte sie sich auf den Boden setzen; sie lebte noch; ein großer Blutstropfen floß aus ihrem Schnabel, ihr schwarzes glänzendes Auge leuchtete noch, dann überzog es sich mit einem Schleier. Die Grasmücke war tot. Wir rupften sie eilig, solange sie noch warm war; in der Luft schwebte eine Menge leichter Federchen. Ein Luftzug genügte, um sie wegzutragen ... Der Vogel war nackt, gelb, mit dem fettgefütterten Bürzel, plump wie eine Schneiderpuppe, und hatte noch ein bißchen Flaum auf dem toten Köpfchen, der aber eine Minute später von einem knisternden Tannenzapfenfeuer verzehrt wurde. An eine Rute gesteckt, knisterte und tropfte und fettete er sich selbst ein, während der Aal für sich auf der Glut verkohlte. Und unser köstliches Mahl konnte beginnen. Das waren die großen Gelegenheiten; so aß man nur zweimal im Jahr ...«

»Und zum Trinken?« fragte sie und führte ohne Abscheu einen Ozean von Manzanillo zum Mund.

»Einen Eimer Wasser aus dem Ziehbrunnen, den man zwischen Venushaar und Kalkschutt heraufzog; darin drückte man zehn oder zwölf Zitronen aus; halbreife Zitronen, die nur so groß wie eine Nuß waren.«

Der Herr schwieg lange und nachdenklich und führte dann das mit Paradiso gefüllte Glas an die Lippen, nahm einen Schluck und zuckte zusammen. »Nein, nein«, sagte er. »Es ist nicht dasselbe.«

»Du solltest dich an den Manzanillo gewöhnen«, sagte das Mädchen und suchte den Augenbrauenstift in ihrem Toilettenetui aus Schildpatt. »Er tötet nicht, aber er trägt alle Erinnerungen weg. Nachher würdest du wie eine Frau sein, die über den Graben gesprungen ist und vor nichts mehr Angst hat. Aber du willst eben nicht vergessen. Du willst in deinem Graben bleiben und die Aale deiner Vergangenheit fischen.«

Der Kellner kam mit ratloser Miene zurück.

»Ein Chateaubriand?« fragte er. »Einen Crevettencocktail? Zwölf oder vierundzwanzig Schnecken nach Burgunder Art? Eine Scheibe Rheinsalm? Oder ziehen Sie es vor, mit einem Schnepfentoast anzufangen?«

»Ich wollte«, sagte der Herr düster, »einen Grasmückenschenkel in Tannenzapfenfeuer gebraten und ein Stückchen Aal in Seifenlauge mariniert. Ich weiß, daß es nicht möglich ist. Schade. Die Rechnung bitte.«

Er nahm eine blaue Note aus dem Portefeuille, legte sie auf den Teller und sagte zu dem Mädchen: »Wollen wir gehen? Das nächstemal, das verspreche ich dir, fange ich auch mit Manzanillo an.«

»Du darfst damit aber nicht aufhören«, sagte sie. »Einmal genügt nicht. Das Schöne kommt danach.«

Der Erfolg

Als ich letzthin im Theater war, mußte der Chef der Claque eingeschlafen gewesen sein. (Die Oper, die schön, aber nicht volkstümlich war, begünstigte den Schlaf und erschwerte die Dosierung der *bravo* und der *bis*.) Nur so kann ich mir erklären, daß eine Baßarie mit zwei zusammengehörigen Strophen am Ende der ersten Strophe von heftigem Applaus unterbrochen wurde, das heißt an einem Punkt, wo keine musikalische Kadenz und kein stimmlicher Effekt das plötzliche Händeklatschen rechtfertigten. Was war geschehen? Der Chef der Claque hatte beim Erwachen sein Zeichen zur Unzeit gegeben: das war alles. Der Applaus wurde unterdrückt, und die Arie ging weiter; aber nun war das Spiel entlarvt, und als der Baß effektvoll »in den Keller hinunterstieg«, überzeugte der müde Beifall, der von einem nun topographisch verdächtigen Ort ausging, niemanden mehr.

Man muß den Claqueuren gegenüber Nachsicht üben. Ich glaube nicht, daß sie viel Geld verdienen; und dort, wo das Publikum die Opern mit unberechtigter Kühle aufnimmt, erfüllen sie eine sehr verständliche Aufgabe. Eine Oper, ein Melodram ohne Beifall erwärmt das Herz nicht und ist überhaupt kein Ereignis. Wenn man darauf verzichtet, Radamès und Ramphis nach dem gemeinsamen Aufschrei »Immenso Ftà« vor dem geschlossenen Vorhang zu sehen, wenn man ihre Bademäntel und Turbane nicht aus der Nähe mustern will, so verliert man die Hälfte des Genusses, den einem die *Aida* schenken kann; wenn man das Gegurgel, das Sparafucile ausstößt, nachdem er Rigoletto den schändlichen Handel vorgeschlagen hat, nicht mit einem zustimmenden Gegrunze unterstützt, so läßt man es zumindest an menschlicher Barmherzigkeit und Solidarität fehlen. Dieser bescheidene Raffelton ist als Ton nicht schwierig, aber er ist nicht nur ein Ton, er ist das Symbol eines ganzen auf der Galerie verbrachten Lebens. Wer je in Mietzimmern oder in viertrangigen Pensionen und Gasthäusern gelebt hat, hat schon Tausende ähnlicher, nicht dostojewskischer »Stimmen aus dem Untergrund« gehört.

Der Beifall dieses Abends hat mich in frühere Zeiten zurückversetzt. Damals rekrutierten sich die Claqueure vor allem aus Barbieren. Sie applaudierten nicht berufsmäßig, sondern aus Leidenschaft; und wenn diese Leidenschaft ein paar Pfennige einbrachte, war das weiter nicht schlimm. Als ich mich entschloß, Gesang zu studieren, wurde ich selbst von meinem Barbier in dieses »Ambiente« eingeführt. Der Barbier Pecchioli, Chefclaqueur meiner Stadt, war ein Feinschmecker und gab sein Zeichen nur selten und indem er mit den Fingern schnalzte. Bei den bekanntesten Stücken, bei den offensichtlich effektvollen Arien, ließ er seinen Anhängern und dem zahlenden Publikum freie Hand. Er selbst schaltete sich nur in den schwierigen Fällen ein: bei einem Pianissimo, bei einem seltenen Diminuendo, in den riskantesten Glissandi. Dann flüsterte er ein so spontanes »Bravo«, daß niemand vermuten konnte, daß dahinter ein Preis, ein Tarif stand.

Ich muß gestehen, daß ich persönlich kein Lieblingskunde von ihm war, bevor ich ihm mein sängerisches Schicksal anvertraute. Als seltener Kunde, der den Barbier nur aufsuchte, um sich die Haare schneiden zu lassen, und das Schamponieren, die Lotionen und die kostspieligen Friktionen zurückwies, konnte ich seine Sympathie nicht erwecken. Immerhin entschloß er sich bei einer gewissen Gelegenheit, mich um Aushilfsdienste zu bitten, und eines Abends befand ich mich in den Reihen seiner Claqueure. Der Fall war neu und kompliziert. Ein reicher Bürger meiner Stadt, der aus Argentinien zurückgekehrt war, gab ein Konzert mit eigenen Werken. José Rebillo, pointillistischer Maler und Verfasser verschiedener Musikstücke, war kein eigentlicher Komponist, und man sagte, er kenne nicht einmal die Noten; aber er komponierte direkt für sein mechanisches Klavier, indem er mit der Schere Kartonrollen ausschnitt und Löcher hineinstanzte. Was aus diesem Machwerk entstand, wurde dann transkribiert, harmonisiert und häufig auch von anderen Leuten orchestriert.

Damals wurde die Musik der Zukunft fast ausschließlich von Wagner repräsentiert, der heute von den meisten ertragen wird. Eine Musik jedoch wie diejenige des Herrn Rebillo, die ganz aus Dissonanzen und Gekreisch bestand, hatte man noch nie gehört. War Rebillo ein Genie oder ein Verrückter? Nach den Titeln seiner Kompositionen zu urteilen – ich erinnere mich an eine *Sterbende Seerose*, die als »musikalisches Stilleben« präsentiert wurde – müßte ich schließen, daß er zumindest ein Vorläufer war. Aber damals hätte ich das noch weniger als heute feststellen können.

So geschah es, daß auch ich am Abend des Konzertes mit einer Freikarte und mit dem Entschluß, meine Pflicht zu tun, ins Teatro Politeama eintrat; aber als die sterbende Seerose ihren letzten Atemzug gehaucht hatte und ich gerade mit Klatschen anfangen wollte, erhob sich ein Chor von Pfiffen und Protesten aus jeder Reihe des Parketts und von jeder Ecke der Galerie, und der schwache Ruf »Es lebe Rebillo!« wurde von dem fast einstimmigen Schrei »Raus! Raus aus dem Haus!« erstickt, der sich sogar zu einem »Zum Teufel mit Berillo!« steigerte, in dem der Name des Komponisten recht poetisch verstümmelt wurde. War das eine Aktion der Gegenclaque? Oder hatte Herr Rebillo viele Feinde in der Stadt? Ich habe es nie erfahren. Ich wurde weit weg von Pecchioli vom Tumult erfaßt und schloß mich eilig und feige der Mehrheit an, die im Chor »Nieder!« und »Raus!« brüllte. Der Abend endete in Pfiffen und Gelächter, und ich entfernte mich, ohne mich bei meinem »Chef« sehen zu lassen.

Monate später wurde ich von andern Leuten im Haus des Komponisten eingeführt, den ich ausgepfiffen hatte. Er lebte in einem neogotischen Turm, zu dem man über eine überflüssige

Zugbrücke gelangte. Rebillo verbrachte seine Tage dort, indem er Kartons durchlöcherte und Farbflecken auf große Leinwände spritzte. Er sprach den ligurischen Dialekt, mit kreolischen Wörtern vermischt, und las nur Gartenlaubenzeitschriften wie die *Prensa* und die *Scena Illustrata*. Wie er auf den Tick der Avantgarde gekommen war, wußte niemand. Er hatte eine Glatze und einen Schnurrbart, er war groß, dick, unwissend und vielleicht der inspirierteste Mensch, den es je auf der Welt gegeben hatte. Vielleicht wäre er zwanzig Jahre später in Paris ernst genommen worden; aber in seiner vernünftigen, auf den Handel eingestellten Heimatstadt war nichts zu machen. Rebillo kannte aber nicht nur Schmarotzer und Claqueure, Leute, die sich lediglich zur Essenszeit oder zum Honorarempfang melden. Sein bester Freund und Vertrauter war ein Postangestellter, Herr Armando Riccò, ein kleiner, bartloser Mann, der ein Monokel an einem Band trug und Tausende von parnassischen Sonetten geschrieben hatte. Jeder seiner Verse hatte mindestens zwei Diäresen, und darin schlug er, wie er selbst bestätigte, seinen Gott, den großen Ceccardo. Nach seiner Meinung konnte ein Dichter keine Zeile in Prosa schreiben, ohne sich zu disqualifizieren. Er liebte gewählte Ausdrücke und sagte nicht »die Menschen«, sondern »die Erdenbürger«; und tat trotz alledem so, als verachte er D'Annunzio. Er lebte lange, immer stolz und immer unveröffentlicht. Er sagte, er arbeite für die Nachwelt. Gegen Mitternacht, wenn die Barbiere und die übrigen Gäste sich verabschiedeten, blieben Rebillo und Riccò allein zurück, das mechanische Klavier setzte sich pfeifend in Bewegung, und Riccò trug seine Verse vor, wobei er die Augen schloß und die Diäresen stark markierte.

In den klaren Nächten schlugen die Wellen des Meers weich gegen den Felsen, der den neogotischen Turm des Herrn Rebillo schützte, und ich glaube, sie schlagen immer noch, auch wenn der Turm nicht mehr steht. Ich weiß nicht, wo nach dem Tod des Musikers die Berge von Rollen hingekommen sind, die sein Studierzimmer unbegehbar machten. Ein kleineres Problem war es wohl, die Verse Armando Riccòs zu zerstören, der als ein Unbekannter gestorben ist.

Aus solchen Begegnungen habe ich eine Wahrheit gelernt, die wenige kennen: daß die Kunst ihre Tröstungen vor allem den gescheiterten Künstlern spendet. Deshalb füllt sie so viel Platz im Leben der Menschen aus; und deshalb verdienen der Musiker Rebillo und der Dichter Riccò, an die der ungeschickte Claqueur jenes Abends mich ahnungslos erinnerte, vielleicht diese Worte der Erinnerung, die jede edle Seele ihren Meistern schuldet.

Die Straußenfeder

Die Menschen sind ein wenig wie die Bücher: Man liest sie zerstreut, und plötzlich wird man sich bewußt, daß sie eine unauslöschliche Erinnerung hinterlassen werden; andere dagegen, die besonders würdig erscheinen, studiert man mit großem Fleiß, und nach wenigen Monaten entdeckt man, daß die Anstrengung mehr als unnötig war. Aber im ersten Augenblick, bei der ersten Begegnung ist das Endresultat, der Verlust oder der Gewinn, noch fraglich. Ich frage mich oft, nicht welche Bücher, aber welche lebenden oder toten Menschen ich blitzartig und unfreiwillig wiedersehen würde, wenn ich (berühren wir lieber Holz) vor einem Hinrichtungskommando stünde oder wenn ich im Begriff wäre, unrettbar zu ertrinken. Menschen oder Lieblingstiere? Männer – oder Frauen –, die mir lieb waren, oder eher Zufallsbekanntschaften, Menschen, mit denen ich mich kaum beschäftigte und die nie vermutet hätten, daß sie in meinem Bewußtsein einen so wichtigen Platz einnehmen würden?

Wenn die Augenblicke vor dem Einschlafen, die Gebeten und Meditationen gewidmet sein sollten, irgendwie den letzten Augenblicken eines irdischen Lebens ähnlich sein können, so würde ich in Analogie dazu sagen, daß den Homo sapiens unserer Tage bei dieser Gelegenheit noch viele Überraschungen erwarten, da er heute so isoliert und zerbrochen im Herzen einer Gesellschaft lebt, die um so unmenschlicher wird, je mehr sie die Rechte des Kollektivs achtet.

Vor ein paar Tagen, als ich mich vor dem Einschlafen auf den tiefsten Sinn des Lebens konzentrierte und mir die Einsicht »Mensch, du mußt sterben« einprägte, traten zwei merkwürdige

Besucher in mein Zimmer, an die ich jede Erinnerung verloren hatte; und indem ich die mich umgebende Dunkelheit hinter mir ließ, wurde ich einem Reisenden ähnlich, der sich selbst an den andern kontrolliert und erkennt, daß er sich verändert hat, da seine eigenen Reaktionen gegenüber Tatsachen und Ereignissen der Vergangenheit nicht mehr die gleichen sind, so daß ihm das alte Axiom, daß zwischen den Ufern eines Flusses nie dasselbe Wasser fließt, bewußt wird.

Ich wollte gerade das Licht löschen, als ich ein diskretes Klopfen von Fingerknöcheln an der Tür hörte – tack tack tack – und ein hohles »Ist es erlaubt?« erklang, das von einem Kontrabaß stammte, dessen Tonlage zumindest einem tiefen h entsprach, und ich sah einen kräftigen, mittelgroßen Soldaten eintreten, der gepanzert und bewaffnet war wie das Gespenst in *Hamlet*, zusätzlich geschmückt mit einer großen Straußenfeder, die in weitem Bogen vom Helm bis fast zu den Sporen reichte; neben ihm stand dienstfertig und förmlich ein altes Männlein, das sich eher mit den Gesten und Grimassen eines Lemuren ausdrückte als mit seinem unverständlichen Dialekt.

»Marcel«, sagte ich sogleich, indem ich an den treuen Diener von Raoul de Nangis in den *Hugenotten* dachte; und die Erinnerung an diese Gestalt, die sich unvermeidlich mit derjenigen des berühmten Interpreten verband, ließ mich ohne Zögern denjenigen erkennen, der, vor Jahren in Montevideo verstorben, die grabestiefsten Noten unter den Linien gesungen hatte, die man in der italienischen Oper je gehört hatte: den schwarzen Baß Gaudio Mansueto, ein Mann mit breiten Schultern, ehemaliger Schauermann im Hafen von Genua, der (als ich ihn kennenlernte), von einer glücklichen Karriere als Opernsänger und einer instinktiven Intelligenz gebildet, ein echter Beherrscher der Bühne war, wenn er eine Rolle spielte.

»Marcel«, bestätigte der Soldat, zwirbelte sich den Schnurrbart à la Marco Praga und näherte sich dem Klavier, das immer offen in meinem Zimmer stand, ließ eine Hand über die Tasten gleiten und setzte leise zum »Piff, paff« an, das der Beschreibung der Eroberung von La Rochelle vorausgeht. Die Fensterscheiben erzitterten heftig.

»Ah«, sagte ich ohne Überraschung. Und wandte mich dem andern zu: »Und Sie ... entschuldigen Sie?«

»Heute abend bin ich im Kostüm des Dulcamara oder des Alcindoro; privat heiße ich Astorre Pinti, komischer Baß oder Baßbuffo, wenn Sie das vorziehen.«

»Astorre Pinti? Aber ich kenne Sie ja, Herr Astorre. Wir haben lange miteinander geplaudert, als wir in jenen höllischen Tagen, die der Befreiung von Florenz vorausgingen, als Obdachlose in einem Gebäude in der Via Lamarmora wohnten.« (Behaart und hungrig, immer im Pyjama, immer mit sonorer Stimme – e e e in drei Oktaven, ein Murmeltiergezwitscher und dann das Röcheln eines Sterbenden –, hatte er mit seiner großen Familie die Mahlzeiten während mehrerer Tage übersprungen. Und bei ihm wurde die Angelegenheit noch komplizierter. War er lebendig oder tot wie der andere? Ich hatte nichts mehr von ihm gehört.)

»Commendatore Mansueto, Sie werden sich gewiß nicht mehr daran erinnern«, begann ich wieder zu sprechen, um die Verlegenheit zu überwinden, »daß ich vor dreißig Jahren die Ehre hatte, Ihnen vom Barbier Pecchioli in der Galleria Mazzini vorgestellt zu werden. Sie nahmen mich mit sich in den Laden eines Klavierstimmers, der außerdem Chef der Claque war, und hörten zu, wie ich ›Lacerato spirito‹ sang, und rieten mir, im Gesangsstudium fortzufahren.«

»Ah ah!«, donnerte Mansueto, und »ah ah!« lachte Dulcamara höhnisch in einer perfekten Terz.

Sie setzten sich ans Klavier, ohne sich um mich zu kümmern. Sie arpeggierten und zogen aus einem Büchergestell die Partitur der *Macht des Schicksals* und schlugen sogleich die Seite auf, die sie suchten.

»Ich erinnere mich«, fügte ich hinzu, »daß Sie, Cavaliere Astorre, die vollkommene Zerstörung von Florenz, der Stadt der Gotteslästerer, voraussahen, was sich nur teilweise erfüllte.

Was Sie betrifft, Commendatore, so hatte ich das Glück, Sie auf der Bühne des Chiarella-Theaters in Turin im Gewand des Zaccaria wiederzusehen; dann verlor ich Ihre Spuren.«

»Ah ah ah«, dröhnte Mansueto, und »ah ah ah« bekräftigte Astorre im Tonfall der beiden Verschwörer im *Maskenball.*

»Ich kann mir nicht schmeicheln, daß ich bescheidener Schreiber«, fuhr ich fort, »von echten Leuchten der Opernkunst in Erinnerung bewahrt werde. Wenn jedoch die Herrschaften mir die Gründe erklären wollten ...«

»Giudizi temerari ...«, explodierte Marcel, schmiß seinen Hut zu Boden und begann mit seinem Part im Duett der beiden Mönche. Ein Stück der zerbrochenen Feder flog über das Klavier. Und auf der letzten Silbe staute sich seine Stimme tief wie Orgelklang und übertönte das Kreischen der letzten nächtlichen Straßenbahn. Im oberen Stock klopfte jemand laut auf den Boden, um Ruhe zu verlangen. Die Nachbarn waren wohl alle schon im Schlaf gestört worden.

»Ich bin sehr erfreut«, fuhr ich fort und legte die Hände auf die Ohren, »ich bin sehr erfreut, Commendatore, daß Ihr tiefes Register, trotz Ihres Alters und trotz Ihrer veränderten ... Lebens- und Ortsbedingungen, seine ganze Kraft bewahrt hat. Ich möchte Sie aber doch bitten zu bedenken, daß angesichts der vorgerückten Stunde und der Lebensgewohnheiten meiner Hausgenossen ... es vielleicht nicht unangemessen wäre ... Sie werden mich verstehen ... Die Welt ...«

»Del mondo i disinganni ...«, platzte Mansueto los, indem er sich auf dem Drehstuhl hin und her drehte und sich mit großen Handbewegungen begleitete, während der andere ihn mit seiner spöttischen und spitzen Stimme begleitete, in der Hoffnung, seine schrille Stimme könne diesen Orkan durchdringen.

Der Sturm war voll entfesselt. Ein Gewitter von hohen und tiefen Tönen, ein dröhnender Wirbel, von Pfeiftönen und vom Gicksen eines schamlosen feisten Mönchs durchbrochen: die Demutslehre des Wächters und die Zweifel und die schlüpfrigen Scherze von Melitone. Ich versuchte noch einmal zu sprechen, aber meine Stimme ging unter, und die Salven dauerten noch lange, bis sie in einem kellertiefen f verklangen, über dem Astorre – zwei Oktaven höher – vergeblich versuchte, seine geschwätzigen Fiorituren zu entfalten.

Als ich die Hände von den Ohren nahm, hörte ich, daß es heftig an die Außentür klopfte. Das ganze Haus war in Bewegung. Auch von der Straße erreichten uns laute Stimmen und Flüche.

»Basta«, sagte der Commendatore und schloß das Klavier mit einem dumpfen Knall, und »basta« wiederholte Astorre und setzte seinen Zylinder wieder auf, den auch er weggeworfen hatte. Die beiden Männer verneigten sich.

»Ihr Diener«, rülpsten sie zusammen wie Gounods Mephisto, indem sie zu einem tiefen fis hinabstiegen, das direkt aus der Hölle zu kommen schien, und verließen, von der nächtlichen Unterrichtsstunde sichtlich befriedigt, den Raum.

Ich blieb lange wach; die Proteststimmen beruhigten sich, und der Abgang des bewaffneten Helden und des Männchens gab anscheinend keinen Anlaß zu Kommentaren. Es schien mir kaum wahrscheinlich, daß sie auf einem Besenstiel verschwanden. Ich schlief sehr wenig und wiederholte mir immer wieder »Del mondo i disinganni ...« und versuchte, den verborgenen Sinn dieses nächtlichen Besuchs zu entdecken. Hatte ich der Begegnung eines Toten mit einem Lebenden beigewohnt oder dem Abendausflug zweier Verstorbener? Und wie hatten die beiden meine Wohnung gefunden, wo sie doch nichts von mir wußten? Und wenn ich sie vielleicht als Erscheinung, als Halluzination meines Unbewußten betrachten mußte, warum hatte es mir denn nicht eine Persönlichkeit vorgegaukelt, die in meinem Leben mehr Gewicht besessen hatte?

Plötzlich fiel mir ein, daß es in mir eine Verbindung zwischen den beiden Gestalten gab: Bei meiner Begegnung mit Marcel hatte ich gehofft, eines Tages seinen Ruhm zu erreichen, seinen Weg einzuschlagen; als ich aber dreißig Jahre später mit Astorre fastete, da dankte ich Gott, daß er mich vor dem Risiko seines

Lebens bewahrt hatte, obwohl er mich noch demütigendere Mißgeschicke erleben ließ. Die beiden Männer waren der Anfang und das Ende eines Bogens, einer Parabel, die zu meinem persönlichen, privaten Leben gehörte. Und dabei kannten sie denjenigen gar nicht, für den sie objektiv am längsten gelebt hatten. Es gelingt einem nicht immer zu leben, für wen man will.

Als ich aufgestanden war, telefonierte ich mit dem Mieter über mir, um mich bei ihm zu entschuldigen. Er antwortete mir trokken, er habe überhaupt keinen nächtlichen Lärm gehört. Später kam die Stundenfrau, die mein Zimmer aufräumt, und nachdem ich sie geschickt ausgefragt hatte, gab sie zu, daß sie zwischen der Wand und dem Klavier eine Feder gefunden habe.

»Eine Hühner- oder Taubenfeder«, präzisierte sie, »nicht von einem Strauß. Der Wind wird sie hereingeweht haben.«

Die Feinde des Herrn Fuchs

Lange Zeit machten mir die Feinde von Herrn Fuchs großen Eindruck. Ich kannte sie nicht, aber er erzählte mir oft von ihnen: einflußreiche, mächtige Feinde und obskure, armselige Feinde, Frauen und Männer, wie konnten sie nur diesen Ausbund von Gelehrsamkeit, diesen uneigennützigen Priester des Snobismus hassen? Groß, mager, ärmlich gekleidet, mit einem langen gelben Schnurrbart, der ihm über den gierigen Mund fällt, ist Herr Fuchs, ein vielsprachiger Mann, dessen Alter ebensowenig bestimmbar ist wie seine Herkunft, in den mondänen und intellektuellen Milieus in Italien und anderswo sehr bekannt. Ohne Geld wie alle echten Dichter (und als ein solcher wird er betrachtet, auch wenn er keine Verse schreibt), ist sein Hauptberuf derjenige des Gastes. Er sucht reiche und wenn möglich adelige Familien, die ihm ein Zimmer und täglich zwei Mahlzeiten zur Verfügung stellen in einem Schloß an der Loire, in einem Turm in den Vogesen, in einer Villa in San Sebastian und im Notfall auch in einer kleinen Wohnung in Florenz, Venedig oder Mailand. Er sucht und findet, oder besser, er fand; aber seit den beiden großen Kriegen haben die Reichen ihre Schlösser dem Staat überlassen, und die Ausübung des Mäzenatentums wird immer seltener. So geschieht es, daß auch Fuchs, ein außerordentlich begehrter Mann, sich manchmal in Hotels vierter Klasse einlogieren muß, wo er sich seine Mahlzeiten selbst auf einem Spirituskocher zubereitet. Eine Mahlzeit ist bei ihm immer ein *quatuor*, ein Quartett (Fuchs drückt sich meistens in französischer Sprache aus); zum Beispiel ein Schnitzel, zwei gekochte Mohrrüben, ein Stück Käse und eine Birne, eine Mahlzeit, die euch und mir ganz gewöhnlich vorkommt, verwandelt sich für ihn in eine Mozarts würdige Musik. Und kein Tag vergeht, ohne daß er seinen Freunden die Bestandteile des jeweiligen Quartetts enthüllt. Denn Fuchs hat außer den Feinden auch viele Freunde, die ihn, da sie keine Villa haben, immerhin in der Stadt zu Essen einladen, die besser sind als seine selbstzubereiteten, obwohl sie die Regel der Vierzahl nicht respektieren. Er ist ein Meister in der Kunst, die Freunde, die ihn einladen, glauben zu machen, daß sie sich selbst damit eine große, ja eine enorme Ehre erweisen. In diese Falle gehen alle, auch mir ging es so. Ein paar Monate lang war ich sein Freund und lud ihn mehr als einmal nach Hause oder ins Restaurant ein, verführt von seinem Geist und vom Brio seiner Konversation. Dann endete eines Tages unsere Freundschaft auf fast tragische Weise, und ich lüftete das Geheimnis, das mich so fasziniert hatte.

Es war ein kalter Winter in Florenz, kurz nach der Befreiung. Man fand nirgends Kohle, oder (ich erinnere mich nicht) meine Hausgenossen konnten sie nicht bezahlen. Tatsache ist, daß ich mit einem elektrischen Ofen heizte, von dessen vier Spiralen (»Elementen«) zwei auf einmal angezündet werden konnten.

Ich war mit Fuchs beim Essen, als er eine gewisse Empfindlichkeit gegen die übermäßige Hitze zeigte. Ich stand auf und schaltete die zwei Elemente, die ihm überflüssig erschienen, aus. Wenig später hob Fuchs seinen Schnurrbart vom Schafskotelett (ein Wunder des Schwarzmarktes), das er gerade in Angriff nahm, um mir zu sagen, daß es nun eiskalt sei. Ich sprang mit vielen Entschuldigungen auf, und wir kehrten zur Vierspiralheizung zurück. Keine Minute verging, bis Herr Fuchs der Ansicht Ausdruck gab, daß drei und nicht zwei oder vier Elemente das für die Konversation günstigste Klima schaffen würden. »Ich bedaure«, sagte ich ihm, »daß ich Ihnen diesen Gefallen nicht tun kann, aber mein Ofen funktioniert mit zwei oder mit vier Elementen, und ich besitze keinen andern.«

Wir unterhielten uns weiter, und ich erhob mich von Zeit zu Zeit, um die beiden Spiralen ein- oder auszuschalten, aber es war nicht zu übersehen, daß Herr Fuchs verstimmt war und meiner Heizbegabung nicht traute. Endlich stand er selbst auf, beugte sich über den Ofen, hantierte lange Zeit, indem er die Schalter nach allen Seiten vor- und zurückdrehte, bis der Ofen mit einem langen Zischen endgültig erlosch.

»Es sieht so aus, als ob ich Ihnen den Ofen kaputtgemacht hätte«, sagte er und hob seinen Schnurrbart von den noch heißen Spiralen.

»Ich hoffe nicht«, sagte ich, »aber es ist auf jeden Fall unwichtig. Wir werden unser Gespräch in einem besser geheizten Café fortsetzen.«

Er schien schrecklich wütend. »Es gibt zwei Möglichkeiten«, sagte er. »Entweder habe ich ihn kaputtgemacht, oder er ist nicht kaputt, und Sie sollten sich dessen vergewissern und ihn wieder einschalten. Können Sie das nicht? (Ich machte einen oder zwei erfolglose Versuche.) Sehen Sie: das heißt, der Ofen ist beschädigt, und ich habe ihn kaputtgemacht.«

»Sorgen Sie sich nicht deswegen«, sagte ich, »wahrscheinlich ist eine Sicherung durchgebrannt. Das ist auch mir schon passiert.«

»Was wollen Sie damit sagen?« fragte Herr Fuchs. »Ihnen auch? So behaupten Sie also, daß ich ihn diesmal beschädigt habe.«

»Ich behaupte nichts, Herr Fuchs«, sagte ich. »Der Ofen funktioniert nicht mehr, und das ist meine Schuld, weil ich mich nicht um einen besseren Ofen gekümmert habe. Der Schaden ist minimal und wird morgen schon repariert sein.«

»Sie komplizieren die Dinge, indem Sie die Schuld auf sich nehmen, in Wirklichkeit aber durchblicken lassen, daß ich der Schuldige bin. Sie werden doch zugeben, daß die Bezeichnung Schuld übertrieben ist.«

»Ich gebe es zu und bitte Sie um Verzeihung, aber ich sprach von mir und nicht von Ihnen.«

»Solange die Sache nicht geklärt ist, trifft das Wort auch mich. Ich bin hier als Gast eingetreten und verlasse Sie als ein Schuldiger. Sie werden mit mir übereinstimmen, daß der Zerfall der Sitten wirklich unaufhaltsam geworden ist. Als ich bei der Prinzessin von Thurn und Taxis den großen Spiegel zerbrach, entließ sie den Kammerdiener, und der Spiegel wurde unverzüglich ersetzt. Und damals war ich schuldig, heute ist diese Frage *sub judice*. Auf Nimmerwiedersehn.«

Mit einer kleinen Verbeugung ging er auf die Türe zu. Ich versuchte vergeblich, ihn zurückzuhalten. Eine Versöhnung war nie mehr möglich. Gegen meinen Willen und gegen mein Wissen war auch ich in die ständig wachsende Legion seiner Feinde eingereiht worden. Ich tröstete mich darüber hinweg, indem ich dachte, daß ich ihm so vielleicht nützlicher war.

Herr Stapps

Die Erzählung hat eine Vorgeschichte. An einem winterlichen Spätnachmittag des Jahres 19.. sah Herr Lazarus Young, M. A., Ph. D., ein sehr kleines und sehr schüchternes Männchen, das an seinem zerbeulten Hut immer eine Elsternfeder trug, auf einem Schneehaufen in einer Straße der Bronx in New York einen Spatz, der halb erfroren und mehr tot als lebendig war, und da er versuchte, dem Bedauernswerten zu helfen, verpaßte er die Einschiffung auf dem Ozeandampfer, der ihn nach Europa bringen sollte. Durch die Hände namhafter Spezialisten wurde der Vogel dem Tode entrissen und in einen luxuriösen geheizten Käfig einquartiert, der eigens für ihn konstruiert worden war, um ihm eine konstante Temperatur von zweiundzwanzig Grad zu gewährleisten. Das alles hatte, zusammen mit der verpaßten Reise auf der Jacques Cartier, zwei- oder dreitausend Dollar gekostet; und nun überraschte Snow Flake, Schneeflocke, der Kürze halber Snow genannt, der wegen seines Alters schneeweiß geworden war, die Besucher der Villa Nummer 48 in der Erta Canina in Florenz, wo Herr Young durchschnittlich alle fünf Jahre einen Monat verbrachte, aber das Haus mit Gärtner und Köchin immer in Betrieb hielt und in der Ferienzeit stets erwartet wurde. Im Jahr, da ich Herrn Young kennenlernte, verließ er, von den »unwürdigen« Sanktionen überrascht, nach einem Aufenthalt, der kürzer als gewöhnlich war, in aller Eile unsere Stadt und kehrte ins heimatliche Saint Louis (Missouri) zurück, um sich einer unerträglichen Atmosphäre zu entziehen; im Haus aber blieb als Wächter von Snow ein ungewöhnlicher Gast: Herr Josef Stapps, ein großer, dicker Mann zwischen vierzig und sechzig

Jahren, blauäugig, immer frisch rasiert und mit Pausbacken, die von kleinen bläulichen Äderchen durchzogen waren. Er war sehr auffällig in seinen langen, glockenförmigen Raglanmänteln und in allen Einzelheiten seiner Aufmachung: Ringe mit Kameen, Stöcke mit Intarsienarbeit, Handschuhe aus Känguruhleder, Luxusschuhe und -taschentücher, Dunhill-Pfeifen und -Zigarettenetuis etc.

Herr Stapps richtete sich im blauen Zimmer der Villa ein, einem langgestreckten, mit dem Badezimmer verbundenen Raum, der durch vier große Luken erhellt war, die auf die Olivenbäume und den an die Straße grenzenden Garten hinausgingen; und er schickte sich an, hier die ganze gräßliche Jahreszeit zu verbringen, die wir vor uns hatten. Es lohnt sich, unserer Freundschaft, die zufällig, aber spontan und unerklärlich entstand, eine Parenthese zu widmen. Wenn früher schon gesagt wurde, daß die Liebe der andern und am meisten diejenige unserer Freunde uns meistens unverständlich vorkommt und uns übertrieben und künstlich erscheint, fast als ob wir in ihr die Verschwendung einer lobenswerten Fähigkeit verspürten, die wir nur in unserer Brust gut verwaltet und vernünftig glauben, so läßt sich dasselbe mit wenigen Varianten von der Freundschaft sagen. Auch in diesem Gebiet wird unser Urteil tyrannisch und sprichworthaft. *Sage mir, mit wem du gehst* ... und so fort. Der Vorwurf ist zutiefst ungerecht, und jeder von uns hat zumindest einen Freund gehabt, über den er auch sich selbst keine Rechenschaft geben konnte.

Ein solcher Freund war für mich Herr Stapps. Ihm zufolge war ich der einzige Mensch aus meiner Welt, mit dem er zu verkehren geruhte, obwohl er kein Menschenfeind war und es nicht unterließ, auf vornehme Bekanntschaften, auf alte Bindungen, auf enge Vertrautheit mit Leuten aus einer anderen, internationalen Sphäre anzuspielen, die bald auf der Flucht waren, bald irgendwo festgehalten wurden. Ich glaube aber, daß ich in Wirklichkeit während sechs Monaten der einzige Mensch war, mit dem er in Florenz verkehrte, und ich kann dasselbe von ihm sagen, meinem einzigen Gefährten in jener langen und entnervenden Erwartung eines Weltuntergangs, der dann erst sechs oder sieben Jahre später kam. Wie ist es möglich, daß ein einziger Mensch, und dazu ein mittelmäßiger Mensch, ein ganzes Universum vertreten kann? Und doch zeigte sich der brave Stapps als einzige Schildwache, die in einer Stadt zurückgeblieben war, die einer der Pulse der europäischen Zivilisation gewesen war, der Aufgabe, die ich ihm in meinem Geist zugewiesen hatte, gewachsen.

Herr Stapps war, um es offen zu sagen, ein Mann, dessen Herkunft und Leben nicht ganz klar waren. Er behauptete, er stamme aus Böhmen, sei dreimal verheiratet gewesen, habe zur tschechischen Diplomatie gehört und sich mit seinen Freunden Masaryk und Beneš zerstritten; er sprach jedoch die Sprache seines Landes nicht und konnte sich überhaupt in keiner mir verständlichen Zunge einigermaßen fließend verständigen. Mit mir gebrauchte er eine Mischung aus schlechtem Englisch und schlechtem Französisch oder auch ein noch reichhaltigeres Esperanto. »*Ho delivrato il falcone*«, sagte er an dem Tag, als er einen kleinen Falken gekauft und freigelassen hatte. Im Hause Young hatte er keinen Kontakt mit den Dienstboten. Als perfekter Koch bereitete er sich das Essen während des Tages selbst zu, indem er köstliche Speisen improvisierte, und abends aß er mit mir in den Kellerlokalen, leerte große Korbflaschen Chianti, mischte sich komplizierte Salate mit dem unvermeidlichen Tropfen, *oh, rien qu'un soupçon*, Worcestersoße und diskutierte über die schlechte Qualität von Senf und Kaviar. Wenn er spät nach Hause zurückkam, hörte er zu, wie der Gilly, das Gespenst irgendeines Selbstmörders, vorbeiging, das gegen Mitternacht den Karren über den Kies zog, und dann setzte er sich an die Arbeit.

Was für eine Arbeit? Daß er Schriftsteller war, war undenkbar wegen des Mangels, auf den ich hingewiesen habe; ihm fehlte die natürliche Muttersprache. Ich glaube, er hatte in seinem Kopf ein Gemisch von Dichtern der ganzen Welt von den Tang bis zu Rilke in den Originaltexten, die er zu kennen behauptete; ein

Buch zur eigenen Benutzung und Verwendung, eine Art Robinson-Anthologie eines Mannes, der eine Kultur, die er bedroht fühlte, überlebte. Auf jeden Fall war Stapps, halb Abenteurer und halb Geck, ein überzeugter Priester dieser Kultur, und das war vielleicht das Band, das uns vereinigte. In den alten Straßen der Stadt stieß der Lügenrundfunk eine drohende Flut von Beleidigungen aus, überall sah man nichts als Hakenkreuze und deutsche Bücher ausgestellt, der Kreis unserer plötzlichen Tollheit zog sich immer enger um uns zusammen, aber Herr Stapps mit seinen Goldzähnen und seinem eitlen Lächeln eines falschen Vierzigers befreite Falken, klebte sumerische Gedichte zusammen, päppelte Snow Flake mit Vitaminen und kochte seine berühmten Dynamitstews, immer ungerührt und eingehüllt von einer Wolke von Anspielungen, Zurückhaltungen, Weltläufigkeit und schlechter Literatur. Er war auf seinem Posten, Josef Stapps, und solange er blieb, hatte ich das Gefühl, daß eine große Hoffnung offenblieb.

An einem späten Herbstnachmittag stiegen der Schriftsteller Antonio Delfini und ich zu seiner Villa hinauf, um eine neue Version jenes Gulasch zu versuchen, das Stapps 19.. dem Präsidenten Stambolijski in Neuilly offeriert hatte. Der Aufstieg zwischen Gärten und Wiesen war ein Traum, das von ihm gekochte Essen zündete ein Feuer in unseren Körpern an, und auch der arme halbblinde Snow, der in seinem ewigen Ofen piepste, durfte ein Schnäbelchen von dem paprikaroten Gulasch versuchen. Es folgten anregende Gespräche im üblichen Jargon, Grammophonmusik, Likör- und später Kamillenteegenuß. Um Mitternacht wurde ein Cancan unterbrochen, um das Vorbeigehen des Gilly nicht zu verpassen, und nicht ohne Schauer vernahm auch ich das Knirschen der Räder auf dem Kies; und später kehrten Antonio und ich ins Stadtzentrum zurück, schwankend und halb ausgebrannt, aber überzeugt, daß es in der Welt noch ein halboffenes Fenster gab, da an diesem Abend ohne Zweifel in allen Breitengraden viele Stapps den *nugae* einer Kultur gehuldigt hatten, die die Herren des Augenblicks zu überleben suchte.

Das war mein letzter Abend mit Herrn Stapps, und die Periode, in der er mir nötig war, ging nunmehr unter Siegeshymnen zu Ende. Wenige Abende später stieg ich die Erta hinauf und sah, daß das Zimmer mit den Luken verschlossen war, und der Hauswart der Familie Young sagte mir, Herr Stapps sei plötzlich abgereist und habe Grüße für mich hinterlassen. Ich kann nur hinzufügen, daß ich seither nichts mehr von ihm gehört habe. Was Snow betrifft, so hatte der Ärmste den Verstoß gegen die ihm von einem Ornithologen der John Hopkins University verschriebene Diät nicht überlebt; am folgenden Tag fand man ihn schneeweiß und tot auf dem Stänglein seines Feuerkäfigs. Er war, wie der Hauswart bestätigte, genau elf Jahre und drei Monate alt. Herr Stapps begrub ihn, bevor er abreiste, mit eigenen Händen am Fuß eines Baums in Gillys Garten.

Dominico

Ein Brief von Dominico aus Brasilien war für mich die große Überraschung dieser Tage. Der Brief war in jener halb amerikanischen und halb sizilianischen Sprache geschrieben, die die Unterhaltung mit ihm so schwierig machte, und man kann sich ja vorstellen, was geschieht, wenn das seit kurzem dazu erlernte Brasilianische zu neuen, unerhörten Kombinationen führt! *Write me*, schreibe mir – heißt es darin –, ein Brief von Ihnen wird *muito desejada por mim* sein. Und gerade gestern hatte ich eine Photographie von Dominico wiedergefunden, wo er als Primus inter pares in einer Gruppe von irgendwelchen Parteibonzen zu sehen ist anläßlich seines Aufenthaltes in Florenz vor zehn Jahren. In einer Stadt, wo fast jeden Tag eine Ausstellung eröffnet oder sonst eine mehr oder weniger kulturelle Zeremonie abgehalten wird, bei der Getränke und Kuchen sehr reichlich zur Verteilung kommen, war Dominico, der sich aus gastronomischen Gründen selbst einlud, eine der populärsten und meistphotographierten Gestalten. Niemand kannte seinen Namen, aber es gab kein Fest und keine »Versammlung« (das Wort war sehr verbreitet) in der Stadt, wo Dominico Braga nicht in der ersten Reihe erschien, im grellen Magnesiumlicht lächelte und dabei ein dreieckiges Törtchen aus Blätterteig in der Hand hielt.

Da ist er in dieser »Photomontage«, er sitzt neben dem Präfekten oder neben dem Parteisekretär und trägt wie immer nichts als sein typisches gelbes Unterhemd, eine zerknitterte Hose, zerlöcherte Sandalen, und der lange Schnurrbart fällt ihm über den spitzen fleischigen Mund. Seine kleinen mongolischen Augen glänzen vor Zufriedenheit, und über seinem Kopf werden die Vorzüge von Florenz aufgezählt, das eine Stadt der Studien ist mit Golfplätzen, die achtzehn Löcher haben, wo es auch *picturesque sightseeings in Tuscany* gibt, die alljährliche Explosion des Carro, Winzerfeste in der Impruneta und andere Herrlichkeiten.

Eine schöne Welt für Dominico, solange sie Dauer hatte; ein schönes Leben, sich halb als Italiener zu fühlen, ohne Sorgen und ohne Verpflichtungen, beschützt vom amerikanischen Paß und dem leichten Gewicht einer Bildung, in der Dante und Lorenzo di Medici, Garibaldi und Mazzini zusammen mit den Namen Lincoln oder Jefferson, Whitman oder Ulysses Grant tatsächlich ein *picturesque sightseeing* bildeten, einen Blick nach rückwärts auf ein Universum, das vom Licht der neuen imagistischen Lyrik geblendet wurde, für deren wichtigsten Vertreter – nach Ezra Pound – sich Dominico Braga hielt, der amerikanische Sohn eines nach Bridgeport verpflanzten Spezereihändlers aus Linguaglossa. Er sprach, wie ich schon erwähnt habe, nicht gut Italienisch und nicht viel besser die englische Sprache der Gebildeten; seine Muttersprache war der Dialekt von Linguaglossa, den er allerdings auch schon ziemlich vergessen und verfälscht hatte. Dennoch, mit zwanzig Jahren hatte Dominico *the call of Italy*, den Ruf der Heimat, vernommen und sich als Küchenjunge auf der Dardanus eingeschifft, einem Frachtdampfer, der ihn nach Holland bringen sollte. Unterwegs hatte sein Schicksal eine glückliche Wendung genommen, ein wirklicher *lucky strike*, weil der Schiffsbäcker, ein hartnäckiger Pessimist und leidenschaftlicher Leser von Schopenhauer und Hartmann, sich ins Meer gestürzt hatte, so daß Dominico seinen Platz einnehmen konnte und bei seiner Ankunft in Amsterdam genug Geld hatte, um sich ein Fahrrad mit Motor zu kaufen, das er Pegasus nannte und auf dem er Europa durchquerte. Auf dem Großen Sankt Bernhard fuhr der Pegasus in eine Kuh, und Dominico zog sich aus der Affäre, indem er sein Zweirad dem Besitzer des verletzten Tiers überließ und seine Reise zu Fuß fortsetzte.

In Florenz war das gelbe Unterhemd sogleich populär, und Dominico wurde in wenigen Tagen der gierigste Vertilger von Törtchen, den man je bei öffentlichen Zeremonien gesehen hatte. Er lebte davon, und nur in Ausnahmefällen nahm er Zuflucht zu den Suppen, die die Mönche der städtischen Klöster ihm immer wieder schöpften und dabei übersahen, daß er sich drei- oder viermal nacheinander in die Schlange stellte. Ihm gefiel das Scheinleben einer Stadt von Studenten und Fremden, seine vagen demokratischen Grundsätze verboten ihm nicht, die Karnevalsregierung, die sich die Italiener damals gegeben hatten, sympathisch zu finden, weil er fand, sie passe zu den Pferderennen, zum Fußball, der in Kostümen gespielt wurde, und zu anderen lokalen Manifestationen. »Andere Länder, andere Sitten«, und Dominico nahm es überhaupt nicht so genau, um so mehr, als Meister Ezra ihm versichert hatte, Italien fehlten nur große Erdnußpflanzungen, im übrigen aber sei es ein »permanentes und effizientes Modell einer autoritären Demokratie« …

Worüber hatten wir uns denn zu beklagen? Dominico lieh den Klagen seiner neuen Freunde kein Ohr; ihm gefiel alles bei uns, und vor allem gefielen ihm die Massenveranstaltungen. Bei den Freiluftvorstellungen in den Boboli-Gärten fehlte er nie, obwohl er kein Eintrittsgeld bezahlte und wie ein vom Regisseur Reinhardt evozierter Kobold zwischen den Büschen auftauchte, immer in seinem gelben Unterhemd, immer in den ersten Reihen und immer lächelnd. Ein Mißgeschick passierte ihm nur damals, als er in seine ärmliche Mansarde in der Via Panicale zwei neue Freunde aufnahm, mit denen ich ihn leider bekannt gemacht hatte. Sie schliefen zu dritt in einem kleinen Bett: Braga, der proletarische Schriftsteller Morluschi und der bulgarische Maler Angelof. In dieser Nacht drangen zornige Rufe (»Gangster! Spion! Lump!«) zu den Setzern im unteren Stock, die begriffen, daß ein heftiger ideologischer Streit zwischen den drei Vagabunden ausgebrochen war. Es schien, daß die neuen Gäste in einer Schlafpause entdeckt hatten, daß Dominico zu den verabscheuten Kräften der »Reaktion« gehörte, und sich deshalb bemühten, ihn aus dem Bett zu werfen. Später schlossen sie wieder Frieden; und in diesem Appeasement war wohl der Sinn fürs Lächerliche stärker als jede politische Überzeugung ... Dominico verließ übrigens Florenz wenige Tage später, und ich erfuhr, daß er in Amerika sein Landstreicherleben weiterführte, wobei es ihm gelang, alle vier Jahre Prosa und Verse zu hohen Preisen jenen rasch vergänglichen Zeitungen zu verkaufen, die in der Zeit vor den Präsidentschaftswahlen in allen Staaten wie Pilze hervorschießen.

Was kann ich ihm heute in meinem *muito desejada* Brief berichten? Die linguistischen Schwierigkeiten sind nichts im Vergleich zu denjenigen, die zwischen verschiedenen geistigen Wellenlängen bestehen. Kann ich ihm verständlich machen, was heute in Italien geschieht? Dominico Braga ist eine reine und unschuldige Seele und gehört doch zu jenen Menschen, die eine Menschheit ohne Vaterland, ohne Grenzen und ohne Gesetze, wie sie die Klassiker der Utopie erträumen, als wenig verständlich und sogar als wenig wünschbar erscheinen lassen. Menschen wie er können nur dank des Konformismus der Mehrheit der verfassungsmäßigen Ordnung entfliehen; ihnen gelingt es, aus den Maschen der Geschichte zu schlüpfen, weil es Legionen von Wesen gibt, die ein Etikett, ein Gesicht und ein Schicksal, die nicht nur individuell sind, ertragen.

Und wie weit kann uns anderseits die Freiheit des einzelnen Menschen interessieren, die Freiheit, die nicht allen gehört, sondern einem *gegen alle*? Ich fürchte, daß Dominico, der sich allein rettet, auch allein verlorengeht und daß ihm, dem der religiöse Sinn für das Leben in einer Gemeinschaft abgeht, auch das Beste des individuellen Lebens fehlt: Denn der Mensch ist kein Mensch, wenn er nicht mit den andern Menschen rechnet, er ist kein ganzer Mensch, wenn er die andern Menschen nicht bejaht. Aber es wird mühsam sein, das Dominico in einer Sprache zu erklären, die ich mir eigens für ihn zurechtlegen muß, und dazu in einem Augenblick, da jeder Egoismus und jede offene Anarchie scheinbar besser sind als die verlockenden und allzu konkreten und sozialen Reden der »Großen«, die sich von weitem mit uns und unserer unglücklichen Halbinsel beschäftigen.

Die Stürmische

Die Nachricht, daß Giampaolo sich mit Frau Dirce F. verheiratet hatte, die zweimal verwitwet und ziemlich viel älter war als er, hatte in der Stadt kein ungünstiges Echo gefunden. Das Leben war für Giampaolo schwierig gewesen, und seine unzähligen Freunde waren erleichtert, daß er nun endlich einmal Fuß gefaßt hatte (wenn auch auf Kosten von ein paar unvermeidlichen Verzichten); und keiner wagte die boshafte Unterstellung, er sei »in einen Güterzug gestiegen«. Die Eheschließung war von Festen und Banketten von bemerkenswertem Prunk begleitet; nachher glitt das Leben des Ehepaars ein wenig in den Schatten. Man sprach noch von ihnen, aber in ziemlich ausweichenden Wendungen. Man sagte, Giampaolo »arbeite« – woran und in welcher Richtung wurde nicht genauer bestimmt – und seine Dirce habe ihm ein irdisches Paradies bereitet. Aber es wurde klar, daß die beiden eher zurückgezogen lebten. Wer von ihnen sprach, gab zu, daß es sich nicht um Begegnungen und Einladungen handelte, die kürzlich stattgefunden hatten, und wenn er auch die Köstlichkeit der aufgetragenen Speisen und die seltene Herzlichkeit der Gastgeberin lobte, betonte er doch gleichzeitig, er hege nicht den Wunsch, sich bald wieder einer solchen Begegnung auszusetzen, sondern sie lieber *sine die* zu verschieben. Es waren keine ausdrücklichen Kritiken, die von den vorsichtigen Lippen kamen; aber es kam vor, daß man im Gesicht desjenigen, der sagte: »Frau Dirce … Giampaolo … ein seltenes Paar …«, eine gewisse Angst und fast den Vorsatz, nicht alles zu sagen, lesen konnte.

Federigo war sich dieser Einschränkung und Abneigung nicht

ganz bewußt gewesen, bevor er eines Morgens auf einem Spaziergang außerhalb seines Viertels in die Via del Forno gelangte, plötzlich vor dem Haus Nummer 15 stand und sich erinnerte, daß hier sein alter Freund Giampaolo wohnte, der nach einer glücklichen Heirat aus seinem Freundeskreis verschwunden war. Federigo war arm und schüchtern und nicht fähig, Giampaolo in seine neue Existenz zu folgen und die Brosamen des Festmahls zusammenzulesen. Sein Herz war dasjenige eines Freundes, nicht eines Schmeichlers oder Bittstellers. Eine Mischung von Zurückhaltung und Stolz hatte ihn deshalb von dem glücklicheren Freund ferngehalten, bis das Eis von selbst gebrochen war und Federigo spontan und fast ohne sich davon Rechenschaft zu geben die Klingel der Wohnung von Giampaolo drückte in der Hoffnung, mit ihm eine jener freundschaftlichen Stunden zu verbringen, die ihm früher die Stadt A. teuer gemacht hatten ...

Er wurde vom Gebell eines Wachhundes empfangen und in ein Zimmer geführt, das er bald *living room* nennen lernte und das mit Bildern, Statuen, Wandteppichen, Kupfervasen und silbernen Adlern vollgestopft war. Kaum hatte ein schlecht rasierter Diener sich nach seinem Namen erkundigt und ihn an eine wichtigere Stelle weitergegeben, wurde Federigo von einer Salve entzückter Schreie überfallen.

Federigo Bezzica? Was für eine unerwartete Ehre! Seit Jahren schon, seit zwei oder drei Jahren, zu Beginn ihres Faibles für Giampaolo, als ihr guter Gatte, ihr zweiter guter Gatte, noch lebte (ein Finger hob sich und wies auf ein großes Ölbild, das einen kahlköpfigen Mann darstellte), hatte sie, Frau Dirce, alles von ihm erfahren und war von intensiver Begeisterung für sein Leben und seinen Charakter erfüllt gewesen. Federigo Bezzica! Wenn sie ihn nur schon früher kennengelernt hätte ... Wer weiß ... Der liebste, würdigste und verschlossenste Freund ihres Giampaolo. Er verdiente allerdings einen Vorwurf, daß er sich als letzter bei ihnen gezeigt hatte. Schüchternheit? Liebe zum ruhigen Leben? Sie verstand (und wie) seinen Hang zu der »beata solitudo«, und auf der Grundlage dieser Affinität hoffte sie mit ihm eine gute und haltbare Freundschaft zu schließen. Giampaolo? Ja, Giampaolo war an der Arbeit, aber er würde bald auftauchen. Unterdessen konnte man die Wartezeit dazu verwenden, um ein wenig zu plaudern und sich besser kennenzulernen. Durfte sie ihm einen Portwein, einen Dry Martini, einen Negroni anbieten? Fabrizio, wo hatte sich dieser Faulpelz von einem Fabrizio versteckt? Rasch, einen Portwein für den Herrn.

Federigo hatte sie noch nicht angesehen: Der Salon war halbdunkel, und die Frau saß so nahe neben ihm, daß er es nicht wagte, den Hals zu drehen. Aber ein großer Spiegel – ein *trumeau*, sagte sie – spiegelte ihm das Bild eines merkwürdigen Raubvogels wider mit vibrierendem Nasenschnabel, Haaren, die zwischen braun und blau schimmerten, und schwarz ummalten Augen, in denen ein Licht von außen blitzte. Sie zündete ihre Augen an, so wie man das Feuerzeug für die Zigarette der Gäste aufblitzen läßt; dann löschte sie sie wieder aus und legte sie in Reichweite in ihr Schildpattetui zurück.

Nach einiger Zeit kam Giampaolo in Hemdsärmeln herein und küßte seiner Gattin die Hand. Er wagte es nicht, viel zu sagen. Gelb, abgezehrt und mißtrauisch kamen hierauf Antenore und Gontrano, die Söhne des ersten guten Gatten (der Finger hob sich wieder und wies auf das Porträt eines schnauzbärtigen Offiziers), und Rosemarie, die Tochter des zweiten. Es war schon ein Uhr. Frau Dirce verfügte, daß Federigo, um Buße zu tun, zum Essen bleiben müsse. Sie gingen ins Eßzimmer hinüber, wo eine feine Stickerei auf dem Glastisch lag, der von einer Bronzestatue überragt wurde, die zu den Gästen hinunterzutauchen schien, und der Diener Fabrizio servierte, nachdem er gewartet hatte, bis sein Herr die Jacke anzog, Fleischbrühe in der Tasse, ein Käsesoufflé, gebackene Scampi und Zucchini und ein Körbchen gedörrtes Obst. Den Kaffee trank man im *living room*; die Handhabung des Filters dauerte lange, und die Wahl des Likörs, der ihn begleiten sollte, wurde ebenso sorgfältig getroffen.

Nachdem Antenore, Gontrano und Rosemarie sich verabschiedet hatten, versuchte Federigo es ihnen gleichzutun, aber da er unvorsichtigerweise den Wunsch äußerte, sich ein wenig hinzulegen (eine Gewohnheit, die Frau Dirce unterstützte und teilte), wurde er förmlich auf das Sofa im Salon gedrängt und gebeten, sein Mittagsschläfchen ganz ohne Umstände hier zu machen. Er blieb zwei Stunden sehr aufgeregt im Dunkel. Man hörte kein Geräusch; vielleicht schliefen alle.

Was sollte er tun? Die zwei Stunden dauerten ewig. Als die Pendeluhr viermal schlug, faßte er Mut. Federigo stand auf, öffnete einen Fensterladen, strich über den Diwan, auf dem er gelegen hatte, und suchte auf den Zehenspitzen den Ausgang. Aber der wachsame Fabrizio versäumte es nicht, Alarm zu geben, und das Resultat war eine neue Welle von Angeboten aus dem Hintergrund.

Bald war es Teezeit. Warum wollte er so früh weggehen? Dringende Geschäfte? Er beliebte zu scherzen. Fühlte er sich nicht ganz wohl? Eine Stärkungskur war da ratsam. Ein paar intramuskuläre Lezithinspritzen zum Beispiel. Dieselben, die sie Giampaolo verabreichte. Hatte er nie davon gehört? Um so besser. Jetzt durfte man nur nicht mehr unnütz warten. Er brauchte keine Apotheke mehr. Sie würde sich um alles kümmern; sie war eine sehr tüchtige diplomierte Krankenschwester. Um Gottes willen, nur keine Umstände, wo man doch unter guten Freunden war. Einen Augenblick, nur einen Augenblick.

Sie kehrte bewaffnet zurück, und Federigo mußte sich auf einem Stoß Kissen ausstrecken und einen Teil von sich, ein paar Quadratzentimeter, für den Stachel der Gastgeberin entblößen. In seiner Erschöpfung erschien es ihm schicklich, noch ein paar Minuten zu bleiben, und in dieser Zeit kam Fabrizio mit dem Teewagen. Auch Giampaolo ließ sich zu dieser Zeremonie wieder blicken. Er verkündete, das Wetter habe sich verschlechtert. Es regnete. Und Federigo hatte keinen Schirm.

Frau Dirce faßte sogleich ihre Entschlüsse. Federigo würde auch zum Abendessen bleiben. Das war keine Störung, im Gegenteil, ein großes Vergnügen, eine Ehre für alle. Er lehnte ab. Das war doch nicht möglich. War das vielleicht eine Kriegserklärung? (Drohendes Licht glänzte in ihren Augen. Und Federigo machte eine schwache Geste des Protestes.)

Aber nein, zum Teufel, er konnte doch nicht ablehnen, er würde bleiben. Der Regen prasselte draußen, Antenore und Gontrano kamen mit dem Hund, ein Wermut wurde angeboten, und nach einer weiteren Stunde angenehmer Konversation trat Fabrizio in weißen Handschuhen unter die Tür und sagte, das Abendessen sei serviert. Federigo wurde am Arm genommen und an seinen Platz geführt, wo ihn eine Paradiessuppe mit Einlage, ein Kaninchen in Aspik und ein paar Pfirsiche in Zuckersirup erwarteten. Fabrizio wachte mit der Käsereibe und bestreute die Suppe mit Parmesan. Das Gespräch kam auf die Liebe und wurde intensiver, als die Kinder sich zurückzogen. Um zehn Uhr ließen Blitz und Donner das Haus ein paarmal erzittern.

Bei diesem Gewitter war es nicht möglich wegzugehen. Fabrizio hätte ihn im Auto nach Hause bringen können, aber unglücklicherweise hatte er versäumt, einen schlimmen Defekt am Getriebe rechtzeitig reparieren zu lassen. Doch keine Angst, sie hatten ein Gastzimmer, das sehr geschmackvoll eingerichtet war, ein Bijou. Sie hatte es eingerichtet. Wünschte er einen Kamillen- oder einen Pfefferminztee oder einen Würfel Brom? Sie würden sich am nächsten Morgen beim Milchkaffee wiedersehen. Aber zuerst, so gegen acht Uhr, war Fabrizio beauftragt, ihm eine Tasse schwarzen Kaffee aufs Zimmer zu bringen. Brauchte er sonst noch etwas? Das Bad war rechts, der Lichtschalter links. Und danke für den köstlichen Besuch, ohne Zweifel der erste einer langen Reihe. Danke und nochmals danke; *good bye*, bai bai.

Es regnete nicht mehr; ans Fenster seines Zimmers gelehnt, stellte Federigo fest, daß ein Sprung in die Tiefe zu gefährlich war. Und dann gab es ja auch das Gartentor zum Erklimmen, es drohten der bissige Hund Tombolo und andere mögliche Scherereien. Man hätte ihn für einen Dieb halten können.

Zögernd schloß er das Fenster wieder und sah den Pyjama des zweiten (oder vielleicht des ersten) Verflossenen, den man ihm aufs Bett gelegt hatte. Er ergriff ihn mit zwei Fingern und ließ ihn wieder fallen, als er jemanden an die Türe klopfen hörte. Es war Giampaolo, der ihm ein Paar alte Pantoffel brachte.

»Bis morgen«, sagte er zu ihm. »Wir werden uns etwas später sehen, weil ich arbeiten muß. Und du, wann heiratest du?«

Die hellen Augen

Trauer lag über der Villa L'Arcolaio, die aus zwei alten Bauernhäusern bestand, die man vor hundert Jahren im Stil der rustikalen *folie* restauriert hatte und die miteinander durch lange, verglaste und mit Blumen und Kletterpflanzen bedeckte Gänge verbunden waren. Die Bewohner der Villa und die Pächter trauerten. Gherardo Laroche, ein reicher Industrieller, Musikliebhaber, berühmter Sammler antiker Kunst und zugleich vorsichtiger Mäzen lebender Künstler, war vor zwei Tagen gestorben, und obwohl in der Todesanzeige ersucht worden war, »von Beileidsbesuchen abzusehen«, hatten sich seine zahlreichen Bewunderer und Freunde an diesem Tag um die Witwe versammelt, eine hochgewachsene, knochige, noch nicht alte Frau mit kamillenfarbenen Haaren, die jetzt aber ganz schwarz schienen, weil sie von einem schwarzen Schleier verhüllt waren. Frau Gabriela empfing die Gäste im Garten, begleitet von ihrem blonden Töchterchen Tatiana und ihrem geistlichen Ratgeber, Pater Carrega. Ein ebenfalls schwarz gekleidetes Dienstmädchen brachte eisgekühlte Getränke aus dem Innern. Es war heiß, die Besucher setzten sich um einen abgewetzten Schiefertisch im Schatten eines großen Mispelbaums. Von weitem schimmerte der Arno in der Schleife von Rovezzano, und ein paar Autos überquerten die Furt auf einer Fähre. Die Glocken erklangen, und der feiertägliche Nachmittag kündigte sich lang und traurig an.

In den ersten Augenblicken hatten alle Anwesenden geschwiegen oder ein »Ach!« voll schmerzlicher Anteilnahme geflüstert; dann hatte Pater Carrega, auf eine Geste tiefster Untröstlichkeit Frau Gabrielas reagierend, ein Wort zur Lage zu sprechen begonnen:

»Sie müssen leben, Signora, Sie müssen sich des unvergeßlichen Mannes, der alles für die gute Sache eingesetzt hat, würdig erweisen. Seine Freunde, seine Schüler, seine Söhne im Geist (und wer kann sie zählen, so zahlreich sind sie!) werden die Saat, die er gestreut hat, aufgehen lassen. Und Ihr geliebtes Töchterchen, das kaum dreizehn Jahre zählt, diese reinste Blüte, die Gott ... diese Blüte, die der Himmel ...«

Pater Carrega stockte, unsicher und keuchend, und putzte seine Brille; doch schon hatte jemand seinen Hinweis aufgenommen.

»Tatiana wird immer eine jüngere Schwester für mich sein«, sagte Franca, die das Kind seit Jahren behütet hatte und seit dem Tod ihrer mit den Laroche sehr befreundeten Eltern im Haus wohnte.

Sie war dunkelhaarig und nicht zu mager, im Gegenteil! Und elegant, obwohl sie sich offensichtlich nicht um die letzten Raffinessen der Mode kümmerte. Ihre sehr hellen Augen hielten den düsteren und zugleich stechenden Blick der Witwe ruhig aus.

»Sie haben mir Ihre Treue bewiesen, Franca«, sagte Gabriela Laroche und öffnete, geschützt von einem schwarzen Schleier, unter dem Tisch ein kleines Täschchen. Ihre gelblichen Pupillen waren zu scharfen Punkten geworden; sie blickte nach oben und nach unten, und während die Aufmerksamkeit der andern sich auf die kleine Tatiana richtete, die sich in die Arme der Freundin warf, nahm Frau Gabriela ein viermal gefaltetes, glattes kleines Stück Papier zwischen den Daumen und den Zeigefinger der linken Hand, ein Stück Papier, wie es die Apotheker für eine kleine Dosis Magnesium oder Bittersalz benutzen und das mit der handgeschriebenen Notiz »F. 7. Juli« versehen war. Die Schrift war diejenige des verstorbenen Laroche, und das Papier hatte die Witwe sofort nach dem verhängnisvollen Autounfall in der Brieftasche ihres Gatten gefunden.

Nun sprach Dr. Billi, der Prokurist der Firma Laroche, und

schilderte die Verdienste des Verstorbenen im Bereich der Industrie. Als sie sicher war, daß alle Köpfe zu ihm hinsahen, öffnete Gabriela das Papier mit der Fingerspitze und betrachtete in der vom Tisch halb verdeckten Hand seinen Inhalt: eine schwarze Locke mit bläulichem Glanz, eine mit der Schere abgeschnittene Locke. Dann (das Wort hatte nun Frau Catapani, eine ehemalige Krankenschwester von Laroche) zog Gabriela mit einem raschen Blick den Vergleich, indem sie von der Locke auf Francas Haare blickte, die so schwarz waren, daß sie bläulich schimmern konnten. *Konnten*, ja, in gewissen Augenblicken, in gewisser Beleuchtung; aber auch in winzigen homöopathischen Mengen, in dem bißchen, das in einer Flocke, einem Büschel enthalten ist?

»Ich werde meine Katalogisierungsarbeit in der Bibliothek weiterführen«, bestätigte in diesem Augenblick Fedora, die Privatsekretärin von Laroche, und strich sich mit der Hand über den schönen schwarzen Lockenschopf. »Das ist notwendig für ihn ... und für die Wissenschaft.«

»Drei Jahre verdienstvoller Arbeit, Fedora«, sagte Frau Gabriela und warf einen Blick auf die Locke im Papier und einen andern auf die Haare und die lebhaften Augen des blühenden Mädchens. »Drei Jahre, oder täusche ich mich? Sie sind ... im Juli 1936 zu uns gekommen, vor vier Jahren.«

»Ich stellte mich Doktor Billi im September vor, Frau Gabriela«, sagte Fedora und schüttelte eine Locke aus der Stirn, die dem Spezimen im Papier nicht sehr unähnlich war.

»Und ich im August des Jahres vorher«, sagte Miß Filli Parkinson, die Restauratorin, die einigen Schinken der Sammlung von Laroche neues Leben gegeben hatte. »Vier volle Jahre. Wer hätte sich das vorstellen können ... Ach! Was für eine Tragödie!«

Auch sie schwarz, mit über den Ohren glatt gekämmten Haaren, mit hellem Blick, auch sie, wie Franca und Fedora, blühend, heiter, undurchdringlich und gar nicht eingeengt durch die mit Blumen bedruckte Bluse, unter der sich junge, volle Brüste abzeichneten.

»Wir sind Ihnen zu großem Dank verpflichtet, Miß Parkinson«, gab Gabriela zu, indem sie den schlammigen Blick von unter dem Tisch zu den schwarzen Kringeln erhob, die den Nakken der schönen Restauratorin bedeckten. »Mein Mann nahm sich auch vor, sich Ihnen an Ihrem Geburtstag erkenntlich zu zeigen. Anfang Juli, am siebten, wenn ich mich nicht täusche...«

»Am siebten Juli?« sagte Miß Parkinson und öffnete ihre kristallenen Pupillen weit. »Nein, am siebzehnten März, der leider schon vergangen ist. Man wird älter. Das stimmt, Herr Laroche erinnerte sich immer an diesen Tag.«

Mit einem trockenen Geräusch ließ Gabriela die Handtasche zuklappen und das Apothekerpapierchen verschwinden. Dann unterbrach sie einen Geschäftspartner ihres Mannes, einen Herrn Babbucci, der gerade sprach, und sagte:

»Was bin ich einfältig! Ich weiß gar nicht, warum dieser Monat, dieser Monat Juli, sich mir so eingeprägt hat. Vielleicht wegen jenes schrecklichen Juli des Jahres 1938, den ich in einem Krankenhaus verbrachte. Ohne den Beistand meines Mannes und ohne Sie, Franca...«

»... und ohne Miß Parkinsons aufopfernde Pflege«, fügte Dr. Billi mit der Miene von jemandem bei, der einen Fauxpas wiedergutzumachen versucht.

Noch mal ließ der Geier in Trauerkleidern den Blick auf den hellen und durchsichtig klaren Augen der beiden Assistentinnen von Herrn Laroche ruhen, die der Prüfung, ohne mit der Wimper zu zucken, standhielten. Die dritte Muse, Franca, sagte gleich darauf:

»Der Monat Juli brachte kein Glück. Ich erinnere mich noch, daß ich einmal mit ihm nach Zürich reiste wegen des Bankrotts der Firma Zimmermann...«

»Ach ja«, sagte Gabriela und musterte ihre gelben geschwollenen Augen im Spiegelchen, »ach ja, das war auch im Juli.« Sie hob den Kopf und sah sie so scharf an wie ein Raubvogel ein Küken. »*Es war in der ersten Woche,* nicht wahr?«

»Wir verreisten am zwanzigsten«, war die gleichmütige Antwort. »Bis zum zehnten haben wir wie Ackergäule gearbeitet, ich, Fedora und Miß Parkinson. Für die Wiedereröffnung der Galerie. Mit seiner Hilfe natürlich. Und Sie waren mit dem Kind in Porretta, erinnern Sie sich?«

»Ja, in Porretta«, sagte Gabriela. Und mit einer heimtückischen Wendung, die wenigstens eines der Mädchen ausschalten sollte, sagte sie:

»Ich erinnere mich, ich erinnere mich noch sehr gut daran, als Sie mitten im Regen zu uns kamen, naß, glücklich und mit wirren blonden Haaren ... Oder waren Sie damals nicht blond?«

»Blond?« sagte Filli Parkinson mit naivem Staunen. »Nein, ich war dunkel, dunkler als jetzt, mit einem bläulichen Schimmer, wie Sie sagten ...«

»Ach ja, mit bläulichem Schimmer«, sagte Gabriela langsam und ließ ihren Blick über die Köpfe schweifen, die sie vor sich hatte, über die kahlen und grauhaarigen, über die platinfarbenen Haare von Tatiana, über die schwarzen und vielleicht bläulichen Locken der drei Mädchen, die jetzt nahe zusammen waren und fast einen einzigen Haarschopf bildeten, von dem ein kleiner Teil (aber von wem, von wem?) an einem siebten Juli in diesem Apothekerpapierchen geblieben war.

Wieder erklang das trockene Geräusch des Zuklappens. Gabriela hatte den Spiegel wieder in der Handtasche verstaut, sie geschlossen und gut sichtbar auf den Tisch gelegt, war aufgestanden und hatte dabei einen Distelfink, der sich auf dem Wipfel des Mispelbaums wiegte, in die Flucht gejagt.

»Ich danke euch allen, allen, sage ich, auch denjenigen, die keine schwarzen Haare und keine hellen Augen haben. Mein Gatte war ein etwas seltsamer Mensch, das muß man zugeben. Wenn er lebte, so würde ich auch ihm danken ... auch ihm; aber er ist nicht mehr da, und mir scheint, er habe nie existiert.«

»Wie?« sagten Billi und Babbucci.

»Wie?« sagten im Chor Frau Catapani, Frau Billi und die drei Dunkelhaarigen.

»Sie haben Ruhe nötig«, flüsterte Pater Carrega, reichte ihr den Arm und begleitete sie zu der Tür, die in den Garten führte, während er mit einem Zeichen der Linken die Anwesenden aufforderte, weiterzugehen und den Besuch abzubrechen.

Man sah, wie sie ins Haus eintrat und verschwand, nachdem sie einen Augenblick vor dem großen Spiegel haltgemacht hatte, um, wie es schien, den Grund ihrer sumpffarbenen Augen aus der Nähe zu erforschen.

Die andern gingen nach einem Augenblick der Unsicherheit einer hinter dem andern und ohne zu sprechen zum Gartentor: Franca und Fedora bildeten zärtlich eingehakt den Schluß.

Sie wandten sich jedoch um, als Miß Parkinson, die Tatiana zu einer Dienstbotentür begleitete, ihnen zurief:

»Ich komme nach«, und sie winkte ihnen mit der Hand, »wartet im Café unten einen Augenblick auf mich. Ich spiele ein bißchen Pingpong mit Tatiana und bin dann gleich bei euch. *Good bye.*«

»O. k., Filli.«

Man hörte das Schwirren des Distelfinks, der sich wieder auf die Schaukel des Mispelbaums setzte.

In einem Florentiner Keller

Im engen Korridor des Kellers – dort, wo drei oder vier der ärmsten oder sparsamsten Kunden und zwei Polizisten in Zivil in einer Reihe längs der Mauer beim Essen waren – sah man eine Dame mit Gefolge eilig vorbeigehen und die kleine Wendeltreppe hinuntergehen, die in die Welt der Lieder, des Lichts und der guten Küche führte. Die Dame hatte eine flache Brust und robuste Beine, sie war nicht groß, aber auffällig elegant gekleidet und trug einen kleinen Federhut, der etwas schief auf dem roten Haar saß; ihr auf dem Fuß folgten voller Ehrfurcht ein grauer Herr mit einem Monokel und ein Offizier in schwarzer Uniform und nachlässig umgeworfener Pelerine, in den Händen ein Bündel Zeitungen und eine Peitsche.

»Frau Pinzauti«, sagte blaß vor Bewunderung einer der Männer im Korridor und beugte seine Baskenmütze über seine Lampretensuppe.

»Mrs. Bedford«, korrigierte überrascht ein dicker Gast.

»Donna Odilia Caponsacchi«, verbesserte ein junger, kahlköpfiger und bebrillter Mann, der erst vor kurzem aus Rom gekommen war.

»Oder besser, Berta Chimichi, wenn Sie gestatten«, berichtigte ein Esser, dessen Panamahut seine Augen und seine Schüssel mit Kutteln und Schweinsfuß verdeckte.

»Oh!« protestierten die andern. »Was sagen Sie da? Haben Sie Lust zum Scherzen?«

»Nein wirklich«, sagte der Spielverderber. »Sie hieß Albertina und wurde Berta genannt, als ich sie vor vielen Jahren kennenlernte. Eine tolle Frau.«

Der Kellner ging durch den Gang und goß zwei Finger Wein in die Gläser der Polizisten. Von der Außentür sah man unter dem halb geschlossenen Rolladen auf die dunkle Straße hinaus. Der Krieg hatte vor kurzem begonnen, und das Nachtleben der Stadt spielte sich im Dunkeln ab.

»Erzählen Sie, erzählen Sie«, sagte der eine Polizist, der die Diskussion der vier Gäste mit Interesse verfolgte.

»Eine schicke Frau«, bestätigte der Mann mit dem Panamahut. »So ein Temperament (und er öffnete die Hände, als müsse er eine riesige Kugel halten). Ich kannte sie gut; wir waren Schulkameraden. Sie heiratete mit achtundzwanzig Jahren den Industriellen Ferralasco, der sie nicht glücklich machte. Er war ein Mann, der sich ganz der Arbeit widmete; er ließ es ihr an nichts fehlen, aber er respektierte ihre Persönlichkeit nicht. Sie waren in diesem Punkt zu einer Vereinbarung gekommen (ein *covenant,* sagte sie), die Ferralasco aber nicht einhielt. Sie wollte wie die Nymphe Melusine sein, die bei der Heirat verlangte, daß sie sich jede Woche einen Tag – am Samstag – verweigern durfte, damit sie sich in eine Sirene zurückverwandeln konnte. An Samstagen durfte der Gatte sie nicht sehen.«

»Ich verstehe ... ich verstehe«, sagte verständnisvoll der erste Sprecher. »Und der Gatte wollte mehr darüber wissen.«

»Nicht sogleich, wohlverstanden. Er war wegen seiner Geschäfte mehr als einen Tag in der Woche abwesend. Wenn er aber zu Hause war, so wollte er kommandieren und ihre Ausgaben kontrollieren. Es kam zu großen Meinungsverschiedenheiten. Man sagte, eines Tages habe Ferralasco sie in den Armen eines Architekten gefunden, der einen Pavillon in ihrem Park am Pian dei Giullari bauen sollte.«

»An einem Samstag?« fragte ängstlich der kahlköpfige junge Mann. »Welch ein Anspruch! Eine Frau wie sie in solchen Händen. Ich kenne den Gatten nicht, aber ...«

»Es scheint, daß es an einem Freitag war«, sagte der Mann mit dem Panamahut. »Auf jeden Fall war mit einem brutalen Kerl wie ihm nicht zu diskutieren. Das Glück wollte es, daß Ferralasco wenige Tage darauf starb, ohne ein Testament zu hinterlassen.«

»Und dann«, fragte der Lampretenesser, »kam dann die Heirat mit Pinzauti? Und sie war schon über achtundzwanzig?«

»Ich weiß nicht, was nachher passiert ist. Ich bin ein paar Jahre in Afrika gewesen.«

»War der Architekt dieser Pinzauti?« regte einer der Polizisten in Zivil an.

Der Rolladen wurde geräuschvoll geöffnet; ein Zeitungsverkäufer und ein Mann mit einem mit Sägemehl bestreuten Eisbalken traten herein. Der Kellner kam und brachte ein paar Schüsseln Bohnen, würzte sie maßvoll aus der Strohflasche und schenkte den Polizisten noch einmal Wein zu. Im Untergeschoß sang eine rauhe Stimme »Funiculí funiculà«.

»Nein, was denken Sie«, widersprach der Mann mit der Baskenmütze. »Das mit dem Architekten war nur eine Episode. Eine Frau wie sie heiratet doch keinen Künstler, keinen Hungerleider! Odilia (ich habe sie unter diesem Namen kennengelernt) heiratete den Arzt Pinzauti, als sie noch sehr jung war. Ich verstehe nicht, warum ihr sie erst mit achtundzwanzig Jahren beginnen laßt. Er war ein Homöopath und ziemlich reich; er arbeitete viel mit den Engländern zusammen. Dann wurde er aus politischen Gründen in den Zwangsaufenthalt geschickt, und ihr paßte es natürlich nicht, kompromittiert zu sein. Anstatt ihm nach Lampedusa zu folgen, ließ sie sich nach einiger Zeit in Ungarn scheiden. Der Mann nahm die ziemlich gesalzenen Kosten ohne zu diskutieren auf sich. Dabei war er geizig, ein kleinlicher Mann, der den größten Teil des Tages in seinem Studierzimmer verbrachte.«

»Ah, dieser Tölpel arbeitete mit den Engländern zusammen?« bemerkte der dicke Mann und liebkoste das Parteiabzeichen in seinem Knopfloch. »Dann war vielleicht Mr. Bedford ein Hausfreund, ein Tröster. Schade, daß er nicht wie der Architekt geendet hat. Kurz nachdem er sie geheiratet hatte, zog er mit ihr nach Ascona, wo er ein Werk über das italienische Korporativsystem schreiben wollte. Er bewunderte die Fortschritte unseres Landes sehr. Sie hatten einen Sohn, den sie sich nicht gewünscht hatte und der nun in England sein muß. Herr Bedford hatte sich ihretwegen von seiner ersten Frau scheiden lassen, aber diese neue Ehe war nicht glücklich. Mr. Bedford begriff die Malerei seiner Gattin nicht und wollte auch nicht, daß sie sich mit den Nudisten des Ortes zu sehr befreundete; er zwang sie zu einem Leben, das für eine Künstlerin wie sie zu langweilig war. Als sie ihm sagte, sie wolle mit einem schottischen Naturisten eine Reise ins Ausland machen, wagte es diese Bestie, ihr eine Ohrfeige zu geben. Um es kurz zu machen: Sie ließen ihre Ehe annullieren, und Bedford und sein Nachfolger teilten sich in die Spesen.«

»Don Clemente Caponsacchi«, präzisierte der kahlköpfige junge Mann mit der Brille. Doch er wurde von dem Feuchtigkeit verbreitenden Vorübergehen eines Austernverkäufers und vom Erscheinen von zwei Gitarristen unterbrochen, die auch für sie etwas spielten und danach mit einem Teller die Kollekte machten. Dann wurde der Rolladen geöffnet und wieder herabgelassen, und Ruhe kehrte in den Gang zurück.

»Don Clemente«, fing der vierte Informator wieder an, indem er seine Brillengläser putzte, »war bis zum Hals im Businеß, er lebte immer im Flugzeug zwischen Rom und Konstantinopel und zwang sie zu einem allzu mondänen Leben. Donna Odilia hätte die Einsamkeit vorgezogen; sie mochte das laute Rom nicht und konnte Künstler nicht ausstehen. Sie hätte gern Kinder gehabt, viele Kinder; doch er wollte nicht. Merkwürdig, Sie sagen, sie habe gemalt? Darüber hinaus verkehrte ihr Mann zuviel mit Politikern und Parteibonzen. Während sie in der Zeit, da ich sie kennenlernte, ich weiß nicht, ob ich mich klar ausdrücke, hm … hm …«

»Hm, hm«, machten die beiden Polizisten in Zivil und zwinkerten ihm zu.

»Oh, nichts Schlimmes, wohlverstanden. Don Clemente war auf jeden Fall kein geeigneter Mann für eine so raffinierte Frau. Daraus entstand eine gesetzliche Trennung, aber die beiden wohnten weiterhin unter demselben Dach. Später wurde die Trennung annulliert, obwohl die beiden Partner sich nun tatsächlich trennten. Odilia erlitt einen starken Nervenschock. Ich glaube, in jener Zeit hat Doktor Pinzauti ihr viel geholfen.«

»Vielleicht, um sie wiederzuerobern?« fragte der Mann mit dem Panamahut, indem er ein paar entkernte Schoten ins Salzfaß tauchte.

»Das wollen wir nicht hoffen. Ich schließe nicht aus, daß er sie vor einem brutalen Kerl wie Caponsacchi schützen wollte, der sich in der Zwischenzeit mit einer Sekretärin amüsierte; sie wäre aber vom Regen in die Traufe gekommen.«

»Ein großartiges Weib«, kommentierte einer der Polizisten und gab dem andern, der sich zur Treppe vorgewagt hatte, ein Zeichen.

»Sie kommen herauf«, sagte der zweite Polizist und tauchte wieder aus dem Untergeschoß auf. »Sie gehen ins Stadtkonzert. Sie unterhielten sich eben vor dem Plakat.«

»Meister Östenwald dirigiert. Ein interessantes Konzert«, flüsterte derjenige, der Mrs. Bedford gekannt hatte.

»Ihrer würdig ...«

»Meiner?« sagte der junge Kahlkopf. »Ach, entschuldigen Sie, Sie sprachen natürlich von ihr, von Donna Odilia. Aber sagen Sie, warum müssen Kreaturen wie sie immer in die Hände von Kerlen geraten, die sie nicht verstehen können? Während wir ... ich ...«

»Da ist sie«, meldete aus dem Hintergrund der Mann, der es gewagt hatte, sie Berta zu nennen. »Wer ist wohl der graue Herr, der sie begleitet? Vielleicht Don Clemente?«

»Don Clemente lebt auf eigene Rechnung, mein Verehrtester. Und dann glaube ich auch, daß das Samstagsgesetz nur für den ersten Mann galt. Gute Nacht allerseits; ich könnte es nicht ertragen, sie in Gesellschaft eines weiteren brutalen Kerls zu sehen.«

Slow

Ich habe dem *Slow Club*, der auch in unserer Stadt eine Sektion gegründet hat, mein Eintrittsgesuch unterbreitet. Unter den Daten meines Curriculums gebe ich an, daß ich zu Fuß gehe und weder ein Auto noch einen Führerschein besitze. Denn der Klub setzt der »Abnutzung durch das moderne Leben« nicht Medikamente oder Kräutertee entgegen, sondern eine entschieden anachronistische Lebensweise. Der Zirkel hat seinen Sitz in einer kleinen Villa palladianischer Prägung; er hat kein Telefon, und seine Zimmer sind mit einer Mischung aus Tudorstil und Biedermeier möbliert. Sie werden von Holzöfen beheizt, und die Zeitungen kommen mit ein paar Jahren Verspätung an, was langer Verhandlungen mit den verschiedenen Administrationen bedurfte und außerordentlich ungünstige Preise zur Folge hatte. Der Sekretär, der mich durch die Zimmer begleitet, macht mich darauf aufmerksam, daß das modernste Porträt La belle Otéro darstellt und daß der jüngste in die Bibliothek aufgenommene Dichter der ruhmreiche Carducci ist. Im Lesesaal bewundert man eine alte elsässische Kuckucksuhr. An der Bar kann man nur Kamillen- und andern Kräutertee oder Mandarinenpunsch trinken. Die erlaubten Spiele sind Lotto, Dame und Leiterspiel; nicht Schach, das eine übermäßige intellektuelle Dynamik verlangt. Im Slow werden Frauen und Leute, die viel reden oder, wie zum Beispiel Offiziere und Priester, der Proselytenmacherei verdächtig sind, nicht aufgenommen.

Während ich den Einband einer Kollektion der *Scena Illustrata* bewundere, registriert mein Ohr die leisen Gespräche einiger Mitglieder. Diejenigen, die ich im Gedächtnis behalten konnte, teile ich im folgenden mit:

Erstes Mitglied. »Kollege Wickers vom Klub in Chikago, der den Lebensrhythmus der Schnecken studiert, sagte mir, man könne diesen mit demjenigen von uns überhaupt nicht vergleichen. Wenn es einer Schnecke gelingen würde, uns ganz zu sehen, so würde sie nichts von uns erfassen, sondern nur das Zucken eines Reaktionsapparates wahrnehmen, dessen Bewegungen und Töne sie nicht isolieren könnte. Wickers hat uns seine Werke mit Verspätungsexpreß geschickt, und ich nehme an, daß wir sie innerhalb von zwei Jahren in unserer Bibliothek zur Verfügung haben werden.«

Zweites Mitglied. »Gestern hat eine Verwandte von mir geheiratet. Ihr werdet die Vermählungsanzeige in ein paar Monaten erhalten. Sie hatte sich 1914 verlobt, bei der Nachricht, ihr Vater sei im Krieg schwer verwundet worden, jedoch der Muttergottes das Gelübde abgelegt, nicht zu heiraten, bevor sie nicht eigenhändig, ich weiß nicht, drei- oder vierhundert Meßgewänder gestickt habe. Als der Vater genas und der Verlobte gesund und unversehrt von der Front zurückkehrte, weigerte sich das Mädchen, sich von dem Gelübde entbinden zu lassen. Vor einem Monat ist das letzte Meßgewand fertig geworden; und der Verlobte, der, ohne es zu wissen, die schöne Geschichte Isaaks wiederholte, konnte sie nach dreiunddreißig Jahren treuer Erwartung zum Altar führen.«

Drittes Mitglied: »Erinnert sich einer von euch noch an meinen Kommilitonen Carlo Marinelli? Er fiel 1916 vor den Toren Gorizias, nur wenige Tage, nachdem er von seiner jungen Frau erfahren hatte, daß ihr erstes Kind unterwegs war. Carlo antwortete umgehend mit einem Brief, der durch einen merkwürdigen Zufall erst vorgestern sein Ziel erreichte, das heißt mit siebenunddreißig Jahren Verspätung. Stellt euch vor, mit welcher Erregung die Frau, die heute weißes Haar hat, seine Schriftzüge wiedererkannte. Carlo übermittelte zahlreiche Nachrichten und zärtliche Worte und bat seine Frau, das Kind auf den Namen Glauco zu taufen oder, wenn es ein Mädchen sei, Margherita. Das war freilich ein wenig spät, weil man dem Mädchen, das nun verheiratet und Mutter war, den Namen Anna gegeben hatte. Aber der Zufall wollte es, daß diesmal Anna ein Kind erwartet; und so wird der väterliche Wunsch, eine Generation später allerdings, doch noch erfüllt werden.«

Viertes Mitglied: »In ein paar Tagen werde ich mir gestatten, dem Direktionsausschuß einen Verbenentee in einem Porzellanservice zu offerieren, das ich vor kurzem bekommen habe. Es wurde 1819 von Admiral Lonefield, einem Vorfahren meiner Frau, in China gekauft. Der Admiral war beeindruckt von der Geschicklichkeit der einheimischen Handwerker und bestellte eine Serie von handbemalten kleinen und großen Tassen. ›Gerne‹, sagte der Meister dieser bescheidenen Handwerker, ›aber wir machen keine Serien, schon gar nicht für einen Herrn wie Sie. Geben Sie uns ein wenig Zeit, nicht viel, ein paar Jahre: Sie werden das schönste Service haben, das man je in England gesehen hat.‹ – Sir Roger Lonefield nahm den Vorschlag überrascht an, machte eine großzügige Anzahlung und kehrte in sein Land zurück; auf der Rückfahrt erlitt seine Fregatte The Green Bird jedoch Schiffbruch an der liberianischen Küste, und niemand von der Besatzung konnte sich retten. Vor einem Monat, im Januar 1953, erhielt meine Frau als letzte Erbin der Lonefields eine umfangreiche Kiste, deren Inhalt als ›außerordentlich zerbrechlich‹ bezeichnet war. Aus Bergen von Baumwolle, Blättern und stoßdämpfendem Leim kam eine Reihe von wundervollen Stücken zum Vorschein, auf denen zum Teil das Gesicht und die Taten des Admirals abgebildet waren. Experten sprachen von einem Wunder. Wir brauchten keinen Pfennig zu bezahlen. ›Die von Admiral Lonefield bezahlte Summe‹, erklärte der Begleitbrief, ›hat in hundertdreiunddreißig Jahren so viel Zins getragen, daß sie trotz der unvermeidlichen Geldentwertung alle Spesen deckt.‹ Es folgten Entschuldigungen für die kleine Verspätung, zu der auch die Nachforschungen nach den Erben beigetragen hatten; eine Verspätung, die aber, so wurde bemerkt, aufgewogen wurde durch die künstlerische Sorgfalt und Liebe, mit der die besten chinesischen Maler sich der schwierigen Aufgabe gewidmet hatten.«

Ich hätte noch lange zugehört, aber schon hatten ein paar vergilbte Gesichter von den Lehnstühlen aufgeblickt, um den Unbekannten argwöhnisch zu beobachten, und der Kuckuck zeigte sich sechsmal vor der Uhr, um die Stunde (kuckuck, kuckuck, kuckuck, kuckuck, kuckuck, kuckuck) mit einer fast unerträglichen Langsamkeit zu verkünden. Nachdem der Ton verklungen war, sagten alle: »Es ist spät geworden« und erhoben sich.

»In ein paar Jahren werden Sie Antwort auf Ihr Gesuch erhalten«, sagte der Sekretär zu mir, als er mich zum Ausgang begleitete. »Wenn Sie nicht von sich reden machen, ist es wahrscheinlich, daß Sie aufgenommen werden. Ich habe eine Kutsche für Sie bestellt.«

In der Tat, vor der Tür wartete ein Einspänner mit Pferdchen und einem Kutscher in Livree auf mich, um mich in die Stadt zurückzubringen.

Die Fledermaus

Gegen Mitternacht wollte der Mann das Licht löschen, als plötzlich ein beweglicher und unheimlicher Schatten, ein Schnörkel auf der Wand, ein blitzschnelles Zickzack sich über seinem Kopf bewegte und im Vorhang, der das Waschbecken kaschierte, verschwand. Ein schriller Schrei ertönte.

»Eine Fledermaus!« jammerte sie und wand sich vor Abscheu. »In was für ein Hotel hast du mich geschleppt? Jag es weg, das gräßliche Tier, jag es weg!«

Sie jammerte unter der Bettdecke, weil sie Angst hatte, von dem unreinen Flug berührt zu werden. Ihre Worte waren dumpf und verworren; sie schlug vor, mit einem Stock oder Schirm zu jagen, bei offenem Fenster und gelöschter Lampe. Vielleicht würde die Anziehung von Lichtquellen außerhalb ...

Im Dunkel, im Pyjama, den Kopf durch ein Handtuch geschützt, lief er im Zimmer auf und ab, stolperte über Stühle und fuchtelte mit einer zusammengerollten Illustrierten nach allen Seiten. »Der Regenschirm!« schrie sie (aber sie hatten keinen Regenschirm) und stieß unartikulierte Laute aus, bis er einen Knopf in der Wand drückte und eine Lichtwelle das Zimmer überflutete, die aus einer durchsichtigen Muschel kam, die sehr weit oben in der Höhe befestigt war.

»Sie muß weg sein«, sagte er, versuchte ruhig zu erscheinen und ging zum Fenster, um es zu schließen. Aber sogleich berührte ein klebriges Zucken seine Stirn, und der verrückte Schatten flatterte wieder auf der Wand und verschwand in den unerreichbaren Höhen eines schwarzen Schranks.

»Hilfe! Hilfe!« schrie die Frau und sah vorsichtig unter einem

Kissen hervor, das sie sich über den Kopf gezogen hatte. Und dann mit einer etwas ruhigeren Stimme, als sie die Schattenschnörkel auf der Wand nicht mehr sah: »Ist das Untier weg? Sag mir, daß es weg ist.«

»Ich fürchte nein«, sagte er und versuchte die harte Wahrheit zu mildern (der Schatten zuckte auf dem Schrank, als ob das Untier bereit wäre, noch mal loszufliegen). »Ich fürchte nein, aber jetzt werde ich es zum Verschwinden bringen. Laß den Kopf unter dem Kissen und hab keine Angst.«

Er stieg auf einen Stuhl, band sich das Tuch fester um den Kopf und warf mit einem wohlberechneten Wurf die Zeitschrift auf den Schrank; ein dumpfes Geräusch, eine Staubwolke, und zuckend und schmutzig flatterte das kleine Monstrum: eine kurze Flugbahn, die zitternd im Papierkorb endete.

»Hilfe! Hilfe!« stöhnte sie wieder; aber schon hatte sich der Mann mit einem Lederpantoffel bewaffnet und stieß, einen ganzen Teppich vor die Augen haltend, langsam gegen den Weidenkorb vor, während er mit ruhiger Stimme sagte: »Laß mich nur machen; ich stürze den Korb um und nehme sie gefangen. Reg dich nicht auf, mach keinen Skandal.«

Als er sich im richtigen Abstand glaubte – aber er täuschte sich –, gab er dem Korb einen Fußtritt, der diesen nach seinen Berechnungen samt Inhalt umstürzen mußte. Man hörte wieder ein leises, dumpfes Geräusch, der Korb rollte um seine eigene Achse und verstreute Eierschalen, Asche und angebrannte Streichhölzer, und ein pfeilschlanker Schatten erhob sich aus diesen Reliquien zu der Alabastermuschel hinauf, in der die Deckenlampe wie eine Perle in der Auster leuchtete.

»Nichts zu machen«, bekannte er und setzte sich auf den Bettrand. »Sie will nicht weg. Reg dich nicht auf: Ich ruhe mich einen Augenblick aus, und dann geht die Jagd weiter.«

»Klingle doch«, weinte sie aus der Tiefe der beiden Decken hervor, die sie sich über den Kopf gezogen hatte. »Klingle dem Zimmermädchen. Diese Schlampe hat die Fenster geöffnet, jetzt soll sie sich mit dem Vampir herumschlagen ...«

»Beruhige dich, Liebling, wir sind nicht in Italien, zu dieser Stunde würde niemand mehr kommen. Aber man könnte eigentlich, man könnte …«

»Den Portier anrufen«, sagte die Klagestimme von unten. »Deck dir den Kopf zu und leg dich neben mich, aber deck mich nicht auf, ach nein!, nimm den Hörer und sprich mit ihm, du kannst ja Fremdsprachen.«

»Fremdsprachen«, sagte er, halb erstickt vom Teppich und halb auf dem Bett liegend. »Wie heißt, zum Teufel, wie heißt Fledermaus in einer anderen Sprache?« (Von unten bellte jemand »Hallo, hallo« in den abgenommenen Telefonhörer.)

»*Chauve-souris,* Fledermaus. Vielleicht *bat*«, weinte ihre Stimme aus der Tiefe.

»Aha, die Romane nützen dir doch etwas«, sagte er, äugte unter dem Teppich hervor und zog den Hörer an seinen Mund: »Hallo, hallo: *chauve-souris,* Fledermaus, vielleicht *bat.* Nein, ich bin nicht verrückt (er sagt, ich sei es). *Chauve-souris,* vielleicht *bat, in my room.* Bitte kommen Sie. *Help! Help! Au secours!* Hallo, hallo!« (Aus dem Hörer klangen Flüche und unverständliche Worte, dann hörte man das Tack des Einhängens.)

»Was hat er gesagt?« fragte die verhüllte Stimme.

»Er kommt sofort, nein, nicht sofort, aber er kommt … vielleicht kommt er. Ich weiß nicht, ob er begriffen hat. Aber warte nur, Liebling, warte ein wenig.«

Er war mit einem Mut und einer Entschlossenheit aufgestanden, die ihn selbst überraschten. Er nahm sich den Teppich von den Augen und setzte sich auf einen Lehnstuhl mit Blumenmuster, den einzigen Stuhl im Zimmer. Der zuckende Schatten flatterte weiter in der Alabastermuschel und verdunkelte in unregelmäßigen Abständen das Licht.

»Warte einen Augenblick«, wiederholte er. »Bist du sicher, daß Fledermaus *bat* heißt? Bist du ganz sicher? Ja? Auch dieser Esel von einem Portier hat *bat* wiederholt, als sei es ein verständliches Wort. Beruhige dich, nun wird er mit einem Besen kommen – *a broom,* er muß *a broom* gesagt haben – und alles in Ordnung bringen. Aber das *Bat* – sag einmal – war das nicht das Restaurant, wo wir uns zum erstenmal getroffen haben? Mir ist, als seien auf der Eingangstür große schwarze Flügel gemalt gewesen ...«

»Gewiß, gewiß«, flüsterte die weinerliche Stimme aus dem Untergrund. »Es war die Fledermaus, das stimmt.«

»Merkwürdig«, fuhr er fort, indem er die große Muschel immer im Auge behielt. »Du weißt nicht, daß die Fledermaus das einzige Tier ist, das ich je getötet habe. Man sagte mir, es sei unmöglich, sie zu treffen, weil sie so unregelmäßig fliegt. Eine Kugel genügt, um sie herunterzuholen, ein Loch in ihren klebrigen Flügeln genügt. Aber wem gelingt es, diese Kugel ins Ziel zu bringen? Alle schossen, zwei, drei oder vier Personen, und keine Fledermaus fiel herunter, im Gegenteil, es kamen immer mehr hervor, sie wurden immer zahlreicher. Es war, als verhöhnten sie uns. Dann schoß ich, ziemlich aufs Geratewohl: Es war das erstemal, daß ich Zwölfmillimetermunition verwendete. Und die Fledermaus fiel herunter, klatschte wie ein feuchtes Handtuch auf den Boden, bewegte sich noch ein wenig ... und starb dann.«

(»Igittigitt!«)

»Sie sind nicht häßlich, weißt du. Im Grunde sind sie arme kleine Mäuse mit Spinnwebflügeln. Sie fressen Mücken und tun niemandem etwas zuleide. Und meine war unglücklicherweise nicht gleich tot, sondern zuckte ... wie diese hier.« (»Igitt!«) »Wein jetzt nicht, gleich kommt der Portier. Ich muß ihm zwei oder drei Schilling geben; vielleicht mehr, je nachdem, wie lange die Jagd dauert. Wein nicht, es wird nicht zuviel kosten. Aber laß mich doch nachdenken: Das ist nicht die zweite, sondern die dritte wichtige Fledermaus meines Lebens. Die erste, weißt du, die zweite ... bist du oder fast, du darfst nicht beleidigt sein; die dritte ist heute abend zu uns geraten, und wir empfangen sie so übel: Wir werfen ihr Zeitschriften, Pantoffeln und Teppiche nach, und bald wird sie ihr Leben unter Besenschlägen aushauchen. Ich weiß nicht, ob das richtig ist, ich weiß ... nicht.«

(»Igitt!«) »Nein, du mußt nicht weinen, ich habe das nur so gesagt. Jetzt wollen wir überlegen, was zu tun ist. Das beste wäre, man könnte sie vorsichtig fassen und vor das Fenster setzen. Wenn sie sich noch mal im Papierkorb verfangen würde, zum Beispiel. Dann könnte man alles aus dem Fenster werfen, den Käfig und diese schwarze Seele. Ach ja! Laß mich nachdenken ...«

Er warf sich aufs Bett und steckte den Kopf unter die Decke, bis er ihren Kopf erreichte: »Und wenn sie«, flüsterte er ihr ins Ohr, »wenn sie mein Vater wäre, der mir einen Besuch macht?«

Mit einem Schrei warf sie Decken und Kissen in die Luft und setzte sich im Bett auf. Sie hatte die schwarze Seele, die immer noch in der Muschel flatterte, fast vergessen.

»Du bist wirklich übergeschnappt«, sagte sie zu ihm und sah ihn an. »Komm, wir werfen uns etwas über und gehen hinunter. Wir nehmen ein anderes Zimmer oder gehen ein paar Stunden im Garten spazieren. Es ist heiß, und unten ist niemand mehr. Ich werde mit dem Nachtportier sprechen. Dein Vater? Warum denn? Eine Fledermaus?«

»Ich weiß nicht«, sagte er fast weinend. »Es ist das einzige Tier, das ich außer einigen Fliegen und Ameisen getötet habe. Das einzige, und mein Vater war sehr traurig deswegen. Ich glaube, daß er mich in der oder jener Verkleidung irgendwann einmal besuchen wird. ›Wir werden uns schon wiedersehen‹, sagte er einen Tag vor seinem Tod zu mir. ›Du bist zu einfältig, um allein vorwärtszukommen. Mach dir keine Sorgen, ich finde schon einen Weg. Laß mich nur machen.‹ Aber ich habe ihn fast vergessen: Nur manchmal, wenn ich eines dieser Tiere herumflattern sehe, hebe ich einen Finger, ziele, und paff! fällt es wie ein Lappen zu Boden. Und dann kommt die Erinnerung an meinen Vater ...«

Er hob den Finger gegen die Lampe, und sogleich flatterte das ängstliche Tier auf, berührte die Decke und flog durch die Fensteröffnung, wo dichte und feuchte Dunkelheit alles verschluckte. Sie hatte sich mit einem schrillen Schrei wieder unter die Kissen gestürzt. Gleichzeitig klopfte jemand an die Tür.

»Es wird der Portier sein«, sagte der Mann, schloß eilig das Fenster und rief dann laut: »Einen Augenblick, bitte, einen Augenblick.« Dann, mit gehauchter Stimme: »Sieh nach, ob du eine halbe Krone hast, etwas Silbernes, aber wenig, schließlich hat der Trottel nichts getan.«

Er nahm das Geld, öffnete die Tür und sprach dann lange im Korridor. Sie betrachtete mit schreckensweiten Augen immer noch die nun ruhige Muschel und dachte ans Restaurant mit den schwarzen Flügeln. Plötzlich kam ihr in den Sinn, daß die Neugier, Strauß' *Fledermaus* zu sehen, sie vor wenigen Jahren vor dem Tod gerettet hatte – das heißt vor der Bombe, die ihr Haus zerstörte. Sie fuhr zusammen und ließ sich mit einem langen, krampfhaften Lachen auf den Deckenberg zurückfallen.

Das Engelchen

Im Dunkel des Zimmers hört man plötzlich einen fast unwahrscheinlichen Ton, das Schütteln einer sehr leichten Rassel, das aus den Tiefen eines schweinsledernen Koffers dringt. Um ihn zu hören, muß man wach und aufmerksam sein; ein Seufzer, ein Gähnen, das Knarren des Betts, ein gedämpfter Schritt im Gang genügen, um diesen Ton zu ersticken und ihn ungehört verklingen zu lassen. Doch das geschieht fast nie. Um halb neun Uhr morgens, auch an den dunkelsten Wintertagen, auch wenn das Hotel noch ganz im Schlaf versunken ist, liegen er und sie wach im Bett und warten, bis sie vom kleinen Wecker Marke Engel geweckt werden, den sie im Koffer versteckt haben. Es ist ein viereckiger Wecker in einem schönen roten Etui, und wenn er auf dem Nachttischchen stünde, würde er nachts leuchten, weil er glänzende Phosphorzeiger hat. Aber er erträgt das leise Ticktack dieses mechanischen Herzchens nicht, und sie mag das wimmelnde streifenförmige Feuer zwei Fingerbreit neben sich nicht. Es gibt dem Zimmer, wie sie sagt, etwas Gespenstisches, an das sie sich nie gewöhnen konnte. Und dann ist es ja auch besser, die Zeit vergehen zu lassen, ohne jede Minute zu kontrollieren. Die beste Lösung ist deshalb, den Engel in den Tiefen des Koffers zu begraben und mit offenen Augen zu warten, bis man geweckt wird. Es geschieht selten, daß er ungehört klingelt, weil beide noch schlafen. Er leidet unter Schlaflosigkeit, und sie schläft wenig. Wie kann dieses unwahrscheinliche Ereignis aber dennoch eintreten? Es führt zu Diskussionen, die alles andere als friedlich sind.

»Böses Engelchen«, sagt der Mann, schüttelt das rotlederne

Etui und hält es sich ans Ohr. »Hast du das absichtlich gemacht? Oder hast du die Stimme verloren? Oder (er wendet sich zornig zur Gattin) hast du vergessen, ihn aufzuziehen?«

»Ich ziehe ihn seit zwanzig Jahren jeden Abend zur selben Zeit auf. Manchmal stehe ich auch zweimal auf, um zu kontrollieren, ob ich ihn aufgezogen habe. Er muß geklingelt haben, als du schnarchtest. Er hat fast keine Stimme mehr, das weißt du, mit dem Alter hat er die Stimme verloren. Aber wenn man gut aufpaßt, hört man ihn deutlich.«

»Ich habe geschnarcht?« Er nimmt den elektrischen Rasierapparat vom Kinn. »Weißt du nicht, daß ich von vier Uhr an immer wach bin? Er wird geklingelt haben, als die drei Negerinnen nebenan ihren Höllenlärm machten. Hast du sie etwa nicht gehört, die Paprika Sisters? Die kommen frühmorgens nach Hause, und dann rette sich, wer kann. Sogar die Wände zittern.«

»Heute nacht sind sie um vier Uhr zurückgekommen«, sagt sie und poliert Engelchens Glas mit einem Zipfel des Nachthemds. »Und das Kind muß gegen neun Uhr geklingelt haben. Es gibt keine stichhaltige Entschuldigung.«

Es klopft an der Tür, und ein Kellner tritt ein mit zwei Tassen Kaffee und einer Zeitung, die voller Neuigkeiten zu sein scheint. Für einen Augenblick wird es still. Dann sind die beiden wieder allein, und der Mann fährt mit dem Rasierapparat über den Nakken, wobei ein unangenehmes Zirpen entsteht. Dann zieht er die Schnur aus der Steckdose, legt sich aufs Bett und öffnet die Zeitung. Ein wenig später schreckt er beinahe auf und sagt:

»Das Kind? Was für ein Kind? Es ist idiotisch, diesen ausgeleierten Wecker so zu nennen. Der Engel ist kein Kind, sondern eine Uhr.«

»Du hast gesagt, er sei fast wie ein Kind von uns. Seit mehr als zwanzig Jahren reist er mit uns. Ich verbiete dir, ihn zu beleidigen.« (Sie nimmt das Engelchen, küßt es, schiebt es zärtlich in eine Hülle aus Schottenstoff und legt es in den Koffer zurück.)

»Das reicht«, sagt er gereizt. »Wir wollen mit diesen Kindereien aufhören. Wir wollen keine Bastardkinder mehr und keine spätromantischen Gefühle. Das Leben wird immer schwieriger. Man muß klar denken und die Wirklichkeit sehen. Willst du mitmachen? Wir fangen heute morgen an, wir fangen gleich an.«

»Wir können es ja versuchen«, sagt sie mit einem resignierten Seufzer. Aber schon ist der Mann, der die neuesten Nachrichten durchsieht, in Gelächter ausgebrochen.

»Hast du gesehen?« sagt er und rührt in seinem Espresso. »Blackie Halligan ist gestorben, der Held des Pazifik, verwundet und für seine Verdienste mit vielen Medaillen ausgezeichnet. Weißt du, wer das war? Eine Brieftaube, die dreihundert Menschen das Leben gerettet hat.«

»Unser Pakt beginnt ja gut«, sagt sie. »Du sagst mir nicht, ob Krieg ausbrechen wird, ob Kardinal Mindszenty Drogen verabreicht wurden oder nicht, du weigerst dich, mir zu erklären, was das atlantische Gewissen ist; und dann genügt eine Taube, um dich zu entflammen.«

»Unser Pakt kann ja auch in einer halben Stunde in Kraft treten. Zum Teufel! Seit dreißig Jahren sagen wir so viele kleine Albernheiten; da kann man nicht von einem Augenblick zum andern aufhören. Und da siehst du übrigens, daß auch sie, die den Krieg gewonnen haben, die Dinge nicht so ernst nehmen. Italien ist aber leider ein Land der Bürokraten und Pedanten geworden. Wie konnte nur die Legende von unserer unheilbaren Anarchie entstehen? Wir sind Formalisten, Traditionalisten, Rechtsverdreher auch in den harmlosesten Geschäften. Einer Taube oder sogar einem Wecker menschliche Persönlichkeit zugestehen, das ist ein unschuldiger Animismus, und der Animismus ist die des Menschen würdigste und auch logischste geistige Position. Denn der Mensch kann nicht aus sich heraustreten und die Dinge mit einem andern Maß messen als dem seinen.«

Gegen den Strich befriedigt ihn die Rasur noch nicht, und er schließt den Apparat wieder an den Strom an. Sie hat sich in die Lektüre einer ausländischen Illustrierten vertieft und hebt den Kopf, um zu fragen:

»Was heißt *high-brow*? In Amerika gibt es Millionen von

Menschen, die Bücher lesen, aber nur fünfundzwanzigtausend *high-brows*. Das steht hier.«

»Laß mich einen Augenblick nachdenken. Das heißt superkritisch, Leser mit verwöhntem Gaumen, *emunctae naris*. Und was soll mit ihnen geschehen? Schlägt man vor, sie zu erschießen?«

»Im Gegenteil; man überlegt sich, wie man ihre Zahl vergrößern kann. Man wünscht, daß sie mindestens ein Prozent der Bevölkerung ausmachen. Dann hätten auch schwierige und abstruse Bücher, die keine dramatischen Szenen und keine kriminellen Handlungen enthalten, anderthalb Millionen Leser. Und neunundneunzig Prozent der Amerikaner würden bei ihrer gewohnten Lektüre bleiben. Das wäre das Paradies für alle.«

»Und wenn wir«, sagt er und reibt sich die Wangen, »wenn wir *high-brows* des Lebens wären anstatt der Kunst? Du liest nur triviale Zeitschriften und ich nur noch Kriminalromane. Wir haben einen abgestumpften, einen sehr abgestumpften Gaumen. Aber im Leben ... im Leben ist es ganz anders. Engelchen im Koffer und am Himmel wunderbare Brieftauben; das ist es, was wir brauchen.«

»Wir?« sagt sie bitter. »Sprich nur von dir. Ich habe alles versucht, damit du im Leben hart wirst. Wir haben schlimme Tage vor uns. Der Engel ... ist eine persönliche Angelegenheit von mir, ein privater Flirt. Ich hätte dich an einen Wecker Marke Roskoff gewöhnen müssen, der wie eine Steinzertrümmerungsmaschine rattert. Paß auf: Du mußt ein harter, ein sehr harter Mann werden, wenn du willst, daß man dich ernst nimmt.«

Vom Grunde des Koffers hört man einen kaum wahrnehmbaren Ton, eine Art Tonstaub, der wenige Sekunden dauert und verklingt. Er springt vom Bett auf, und beide stürzen sich aufgeregt auf das schottische Futteral. Dann nehmen sie die Uhr heraus, schütteln sie, streicheln sie und betrachten lange das Zifferblatt.

»Nein, es ist nichts kaputt«, sagt er und schämt sich, daß seine Stimme verändert klingt. »Er war auf ein Viertel nach neun gestellt, nicht auf neun. Der Zeiger ist ein bißchen vorgerutscht.

Wenn du gestattest, werde ich ihn von heute abend an aufziehen.« Dann kehrt er zum Spiegel zurück und sieht sich an, um festzustellen, ob er wirklich das Gesicht von »einem unter hundert« habe, und stottert, indem er sich zurückdreht:

»Und wenn unser Pakt ... morgen in Kraft treten würde?«

Ohne zu sprechen, senkt sie den Kopf ein wenig, um ja zu sagen. Sie legt das Engelchen ins Etui zurück.

Reliquien

»Ich finde die Photographie von Ortello nicht mehr«, sagte die Kranke und kramte nervös in einer Schachtel, wo sie Zeitungsausschnitte, mit einem Band zusammengebundene alte Briefe und ein paar Heiligenbildchen, die sie nicht zu zerstören wagte (man weiß ja nie ...), aufbewahrte. »Du erinnerst dich natürlich nicht einmal mehr daran, wer das war.«

»Es ist oder war, wenn es gestorben ist, ein Pferd, ein schönes Pferd, das den Grand Prix in Longchamp gewann. Ich erinnere mich sehr gut daran. Seine Photographie war da drin, ich bin sicher. Du hast es nie bei einem Rennen gesehen, aber es war eine Zeitlang deine Leidenschaft. So ist es in deinen privaten Reliquienschrein geraten, und nun scheint es die Flucht ergriffen zu haben. Es war ein Zeitungsausschnitt, und ein Windstoß hat ihn wahrscheinlich fortgetragen.«

»Aha«, sagte sie und ordnete ihre Haare, die die Farbe von welken Blättern hatten. »Du sprichst von *meinem* Reliquienschrein, als ob das eine Manie wäre, die nur mich betrifft. Das war ja zu erwarten. Dabei hat der Wind vielleicht auch etwas anderes fortgetragen, etwas anderes, das ich hier auch nicht mehr finde.«

»Das Okapi?« sagte der kahlköpfige Mann und zuckte dabei zusammen. »Unmöglich! Sieh genauer nach.«

»Ausgerechnet das Okapi, dieses komische Tier, halb Ziege und halb Schwein, dessen Andenken du verewigen wolltest. Mit dem Pferd weggeflogen. Für die Dinge, die dich interessieren, hast du ein gutes Gedächtnis.«

»Halb Schwein?« sagte er unruhig. »Sag halb Esel, halb Zebra, halb Gazelle, halb Engel. Das letzte Exemplar einer Rasse, die man ausgestorben glaubte. Ich wollte seinetwegen nach London reisen, um es im Zoo anzusehen. Es zittert vor Schrecken, wenn es Menschen sieht: Es ist zu sensibel, um zwischen Raubtieren wie uns zu leben. Wer weiß, ob sie es am Leben halten konnten. Ein Weibchen konnte man ihm nicht geben. Das einzige und letzte Exemplar, verstehst du.«

»Der Glückliche«, war die Antwort, die bissig sein wollte.

Sie schwiegen lange. Sie hatte sich auf das Sofa gelegt und betrachtete die allegorischen Szenen, die die Deckenfelder ausfüllten, Szenen mit Tieren und Göttern, nicht ihre Tiere jedoch und kein Gott, dem sie sich nahe fühlte. Er schaute durch das Fenster auf den Wipfel einer krummen und vom Wind zerzausten Pappel. Dahinter waren die schon schneebedeckten Hänge der Voralpen sichtbar. Dann begann es zu regnen, und dicke Tropfen liefen an den Scheiben herunter. Es war fast dunkel, und die Nymphen und Schwäne auf der Decke wurden nach und nach vom Schatten verschluckt. Ihnen wurde das erst bewußt, als das Zimmermädchen mit dem Tee kam und eine Lampe anzündete. Gedämpftes Licht verbreitete sich zwischen den unechten antiken Möbeln. Und auch das Geräusch des Regens schien fröhlicher.

»Ach, ein wenig Licht«, sagte er und half ihr, sich in einen Schal zu hüllen. »Es ist nicht gut, im Dunkeln zu reden. Aber oft merkt man nicht, daß es genügen würde, ein wenig Licht anzuzünden, damit auch die Gedanken klar werden. Du bist heute unfreundlich.«

»Nein, ich mache nur Inventur unserer Erinnerungen. Das ist der einzige Faden, der uns verbindet, nachdem so viel Wasser unter den Brücken durchgeflossen ist. Die aus der Schachtel sind verschwunden, weil einer von uns zu unachtsam war. Aber es gibt noch viele andere, die in der Schachtel unseres Gedächtnisses eingeschlossen sein müßten und die in deinem nicht mehr vorhanden sind, wie ich aus deiner Kälte und deinem Murmeltierschweigen schließen muß.«

»Ich ein Murmeltier?« protestierte er und strich sich über die Haarstoppeln des Schädels, den eine nicht allzu frische Rasur kahl geschoren hatte. »Was Murmeltiere betrifft, so hätte dein Gedächtnis etwas Besseres wählen können. Wo haben wir eines gesehen? Das möchte ich hören.«

»Bei der Abtei von San Galgano; ein Jäger trug es bei sich, jener, der uns dann auch seinen Sohn verkaufen wollte, einen schönen Säugling, weiß und rosa, ein Wunderkind. Er war entschlossen, ihm war es ernst, er sagte zu seiner Frau: Was ist da Schlimmes dran, wir machen einfach einen andern. Aber wir haben das Kind nicht genommen, es hätte später zuviel gekostet, ihn großzuziehen ...«

»Ich beglückwünsche dich zu deinem Gedächtnis. Das war ein Marder, der zudem tot war. Die Murmeltiere, die drei Murmeltiere ...«

»Wir haben sie in einer kleinen Felsgrotte gesehen, an der die Gornergratseilbahn vorbeifährt. Sie tanzten und bewegten die Pfoten, wie um die Reisenden zu grüßen. Sie fühlten sich sicher. Aber es waren nicht nur drei, es war eine größere Familie: Vater, Mutter und Kinder. Milch oder Zitrone?«

»Weder noch«, sagte er und nahm seine Tasse. Dann schaute er sich um, und als das Zimmermädchen den Raum verlassen hatte, fragte er nach einem kurzen Schweigen mit gespielter Nachlässigkeit: »Und der Fuchs?«

»Du meinst den roten Fuchs? Zuerst hatte er sich in dem Gehege von Zermatt in seine Höhle verkrochen. Er wollte sich nicht zeigen. Ich sagte mir: Ich zähle bis zwanzig, und wenn er bis dann herauskommt, so soll es kommen, wie es kommen muß, und wenn er nicht herauskommt ... zum Teufel mit diesem Mann. Und ich habe langsam gezählt, immer langsamer. Bei neunzehn kam der Fuchs herausgelaufen.«

»Und so hast du dich entschlossen, mich zu heiraten«, sagte er und hielt über der zu heißen Tasse den Atem an. »Ich verstehe, ich verstehe nur zu gut. Nach so vielen Jahren lernt man immer noch dazu.«

»Beklag dich nicht, ich habe absichtlich langsam gezählt. Nach der neunzehn habe ich wahrscheinlich eine sehr lange Pause gemacht. Man mußte ein bißchen nachhelfen. Ich habe die Zeit gedehnt. Wie manche Musiker.«

»Da wir einander schon Geständnisse machen, kann ich dir auch sagen, daß ich mir damals in Vitznau, als Mimí wieder in die Flasche zurück mußte, gesagt habe: Wenn sie in der Flasche rechts erscheint, so soll es kommen, wie es kommen muß; wenn sie aber links auftaucht, dann ... weiß ich nicht, ob ich mich erkläre. Mimí, das weißgelbe Meerschweinchen, erinnerst du dich?«

»Sehr deutlich. Und Mimí, die aus dem Ärmel des Zauberkünstlers geschlüpft war, erschien rechts. Unsere Ehe hat wirklich ein festes Fundament. Nimmst du einen Keks?«

»Nein danke. Es erschien links. Aber der Versuch wurde dreimal gemacht, und du hast zwei zu eins gewonnen, das reichte. Es war kein Betrug dabei, wie du siehst.«

»Der Fuchs und das Meerschweinchen, was für interessante Paten. Sie sind sicher schon lange tot und wissen nichts vom Unheil, das sie angerichtet haben. Unser Leben ist ein Bestiarium, eine richtige Menagerie. Glaubst du, daß ich sie weggeworfen habe? Hunde Katzen Vögel Amseln Turteltauben Grillen Würmer ...«

»Würmer?« sagte er verächtlich.

»... auch Würmer, und ich weiß nicht, was alles mehr. Und die Namen? Buck Pallino Passepoil Pippo Bubú ...«

»Lapo Esmeralda Mascotto Pinco Tartufo Margot ...«

Er wollte fortfahren und vielleicht auch dazuerfinden, aber er hielt an, weil er sah, wie sie erschöpft die Augen schloß. Er nahm einen knusprigen Keks vom Teller und steckte ihn in den Mund. Dann streckte er fast automatisch seine Hand nach der Schachtel aus und begann in den Ausschnitten, den Photographien und den alten Briefen zu kramen. Aus einem scheinbar leeren Briefumschlag glitten zwei vergilbte Papierstücke, zwei Photographien: ein nervöses und feuriges junges Pferd und ein merkwürdiges

Tier mit verlorenem Blick, ein Wunder, in der Mitte zwischen Bedlington-Terrier und Dachs, zwischen Schwein und Reh, zwischen Ziege und Esel von Pantelleria; vielleicht ein Irrtum, ein Abfall, der den Händen des großen Proteus entglitten war, jedoch ein Paradies für die Augen und für das Herz eine unauslöschbare Hoffnung.

»Das Okapi! Ortello!« rief der Mann und schlug sich an den Schädel. »Ich habe es gefunden! Ich habe alle beide gefunden!«

Sie aber schlief weiter. Draußen hörte der Regen auf. Er legte ihr die Ausschnitte vorsichtig auf die gekreuzten Hände und sagte sich: Ich gehe jetzt, um ein paar Schritte zu machen, aber ich lösche das Licht nicht. So kann sie die Photos beim Erwachen gleich sehen. Und er entfernte sich auf den Zehenspitzen.

Der russische Prinz

»Zum *Pied de Porc*«, hatte Carlo zum Chauffeur gesagt, und auf die Frage nach einer genaueren Adresse fügte er in schlechtem Französisch hinzu: »Es liegt an einer Querstraße zur Rue de l'Odéon; dort werde ich Ihnen sagen, wo anhalten.«

Der Chauffeur war vor sich hin brummend angefahren. Ein weißhaariger Mann mit einem Schnurrbart und einer Schirmmütze. Seine Augen jedoch ...

»Hast du gesehen, was für Augen?« sagte Adelina. »Ein Meer, ein Wunder. Er muß ein russischer Adliger sein, vielleicht ein Prinz.«

»Ein Russe? Und warum? Wie kommst du darauf?«

»Unter den Pariser Taxifahrern gibt es tausendfünfhundert Russen, fast alle vornehmster Herkunft. Sei so gut und gib ihm ein ordentliches Trinkgeld. Und man muß auch ein wenig Konversation mit ihm machen.« (Sie wandte sich zum Fahrer, der aufs Gaspedal drückte: »Es ist heiß heute abend, finden Sie nicht auch?«)

»*Bien sûr, Madame*«, grunzte der angebliche Prinz und wich im letzten Augenblick einem Radfahrer aus.

»Mir scheint, er ist nicht aufs Reden erpicht«, sagte Carlo, »stör ihn nicht weiter beim Fahren.«

»Er ist ein feiner Mensch, das habe ich sogleich bemerkt. Ich werde ihm die Hand geben. Glaubst du, daß fünfzig Francs Trinkgeld genügen? Dabei schäme ich mich beinahe: Ich möchte ihn nicht demütigen.«

Die Rue de l'Odéon war in Sicht, aber Carlo, der aus dem Fenster lehnte, sah nichts, was ihn an das *Pied de Porc* erinnerte, das man ihm ungefähr beschrieben hatte. Der Chauffeur verlangsamte die Fahrt und blickte fragend nach hinten.

»Ein wenig weiter vorn ... ein wenig weiter oben ... vielleicht rechts ... nein, fahren Sie nur links«, sagte Carlo, aber das Schild mit dem Schweinskopf tauchte nirgends auf. Der Taxifahrer brummte immer feindseliger.

»Du blamierst dich wirklich«, sagte Adelina. »Er braucht seine ganze Geduld. Zum Glück ist er ein wirklicher Herr.«

»Er ist ein Flegel«, sagte Carlo, »er wird ja nach seinem Tarif bezahlt.« Das Auto durchquerte im Zickzack verschiedene Straßen, kehrte wieder zurück, fuhr durch alle möglichen Quer- und Parallelstraßen, ohne jedes Ergebnis. An einer Ecke stieg der Fahrer aus und beriet sich mit einer Gruppe von Arbeitern. Dann stieg er mit zufriedener Miene wieder ein.

Er fuhr noch einen halben Kilometer weiter, bog in eine dunkle und einsame Straße ein und hielt vor einem spärlich beleuchteten Schild an, auf dem man lesen konnte *Au pied de cochon.*

»*Voilà le porc*«, sagte er und wandte sich um.

»Das ist aber nicht hier«, fuhr Carlo wütend auf. »Man hat mir den Ort ganz anders beschrieben: ein kleiner Platz mit Bäumen, ein *square,* und eine Vitrine mit Austern, Fasanen und Rebhühnern. Und dann heißt es *porc,* nicht *cochon.*« Und zum Fahrer: »*Je cherche le porc, pas du tout le cochon.*«

»*Eh bien, Monsieur*«, sagte der Fahrer und öffnete die Tür. »*C'est bien la même chose: c'est toujours de la cochonnerie.*«

Carlo wollte antworten, aber Adelina nahm seinen Arm. Sie stiegen aus und gaben dem Alten dreihundertzwanzig Francs. Adelina gab fünfzig Francs dazu, und der Taxichauffeur verschwand, ohne auf ihren Gruß zu antworten.

»Was für ein Rüpel«, sagte Carlo und steckte den Rest ein. »Er hat uns ausgeladen, wo es ihm paßte.«

»Dieser Ausspruch war köstlich: *C'est toujours de la cochonnerie.* Welcher italienische oder französische Taxifahrer würde eine solche Antwort finden? Er ist ein russischer Adliger, da bin ich ganz sicher. Was verlangst du denn? Sollte er alle Pariser Bistros im Kopf haben? Du hättest ihm eine genaue Adresse nennen müssen.«

»Hör auf mit deinem Russen! Das war ein Bauernknecht aus der Camargue, ein Obertölpel.«

»Und du bist ein Idiot.«

»Und du eine blöde Gans!«

»Und jetzt esse ich nicht mehr.«

»Und ich auch nicht.«

Wider Willen hatten sie sich an einen kleinen Tisch gesetzt. Das Lokal war düster, leer und vermutlich teuer. Ein Kellner brachte die Speisekarte und machte Vorschläge: »*Hors d'œuvre? Escargots?*«

Weinend sagte sie, ja, sie werde Schnecken essen.

Würdest du tauschen mit ...?

Schon in den ersten Morgenstunden (die ersten Stunden der Badegäste um zehn oder elf Uhr) sind sie in den kleinen Pinienhainen und am Strand unterwegs. Sie beobachten, spähen, horchen und machen von Zeit zu Zeit ein Zeichen in ein Notizbüchlein. Die fruchtbarsten Stunden jedoch kommen am späten Nachmittag, wenn die Leute gruppenweise beisammenstehen, plaudern, einander ihr Herz ausschütten oder sich ihre Geheimnisse entlocken lassen (wenn sie welche haben).

»Würdest du mit ihm tauschen?« sagt Frika zu Alberico und zeigt auf einen behaarten Rechtsanwalt in Shorts, der sich über seine Karten beugt. Seine sichere und starke Stimme, die vom Meerwind nicht weggetragen wird, hat sie fasziniert (»Verdammtes Canasta« ... »Den Jolly opfern« ...).

»Ich? Sofort«, sagt Alberico und macht ein Zeichen ins Notizbuch.

Eine Frau in sehr kurzen Höschen, Büstenhalter und goldenen Sandalen geht vorbei. Sie ist eine schöne rot und blond gefärbte Statue; sie kommt jedes Jahr mit einem Kind und einer Erzieherin in einem großen Auto aus Busto.

»Würdest du mit ihr tauschen?« fragt Alberico. Und Frika:

»Was für eine Frage! Auf der Stelle.« Und sie macht ein Zeichen ins Notizbuch.

Eine platinblonde Alte, die einen weißen Pudel hinter sich herzieht, der vom Bauch bis zum Kopf ein dichtes Fell hat, vom Bauch bis zum Schwanz aber glatt rasiert ist: ein halb kahles, halb borstiges Knäuel mit rosafarbenen Flohflecken und verwirrten schwarzen Äuglein. »Komm, Cheap, komm, mein

Schatz«, sagt die Alte; und wiederholt, ihr Cheap sei für sie ein Sohn, den heute kaum mehr jemand zu sich nehmen würde, so lästig fällt er einem; aber was soll sie tun? Da sie ihn nun einmal hat, läßt sie es ihm an nichts fehlen, ohne sie heult er und verzweifelt, der arme Cheap, er ist besser als ein Mensch, er hat ein Leberleiden, aber er kann noch zehn Jahre leben, der arme Cheap, »komm, mein kleiner Knoblauch, komm zu deiner Mammina«.

»Würdest du tauschen ...?« sagt Frika.

»Mit ihr?« sagt Alberico entsetzt.

»Nein, mit Cheap.«

»Sofort«, sagt Alberico und macht ein Zeichen ins Büchlein.

»Und ich auch mit ihr«, sagt Frika. »Auch mit ihr, denn sie hat immerhin ihren Cheap.« Und sie macht ihr Strichlein. Sogar zwei.

Sie sind beim Schuster angelangt, der an einer Straßenecke im Schatten des dichten Blattwerks von Steineichen arbeitet. Sie hält ihm eine Sandale hin, und er arbeitet über seine Bank gebeugt mit Ahle und Schnur. Von oben perlt sanft, ergreifend, schlicht und fröhlich der Gesang eines Vogels. Eine Lichtarabeske im Dunkel.

»Es ist eine Meise«, sagt der Schuster. »Sie singt seit Jahren, aber ich habe sie nie gesehen. Sie ist das letzte Schöne, das auf der Welt geblieben ist.«

Sie hören hingerissen zu. Alberico macht ein Zeichen ins Büchlein.

»Mit dem Schuster?« fragt sie flüsternd.

»Nein, mit der Meise«, sagt er, »aber wenn ich es mir überlege, warum nicht?«, und er fügt noch ein Zeichen hinzu.

Sie nickt und macht nur ein Zeichen für sich: für die Meise.

Viele Jahre sind seit ihrer Heirat vergangen, vielleicht hatten sie immer nur ihre wagnerianischen Namen gemeinsam; jetzt auf jeden Fall ist nichts mehr zu machen. Und deshalb fahren sie so fort, stundenlang, im Wasser und auf dem Trockenen, bei Tisch und auf der Straße, im Bett und auf den Liegestühlen; und spätabends ziehen sie die Summen, um zu sehen, wer mehr Punkte erreicht hat, wer von ihnen unglücklicher ist, wer von ihnen häufiger mit *einem andern tauschen würde* …

Der Mann im Schlafanzug

Ich ging in Pantoffeln und Schlafanzug im Korridor spazieren und machte hie und da einen großen Schritt über einen Haufen schmutziger Wäsche. Mein Hotel war erster Klasse, weil es zwei Personenlifte und einen Warenaufzug hatte, die meistens defekt waren, aber es gab keinen Ort für Laken, Kissenbezüge und Handtücher, die vorübergehend nicht gebraucht wurden, und die Zimmermädchen mußten sie, wo es ging, in den toten Winkeln aufhäufen. Spät in der Nacht kam ich zu diesen toten Winkeln, und deshalb hatten die Zimmermädchen mich nicht gern. Immerhin, nach ein paar Trinkgeldern hatte ich die stillschweigende Erlaubnis, herumzuspazieren, wo ich wollte. Es war nach Mitternacht. Leise klingelte ein Telefon. Wenn es in meinem Zimmer wäre? Ich schlich auf mein Zimmer zu, aber dann hörte ich, daß jemand antwortete; es war in Nummer 22, dem Zimmer neben meinem. Ich wollte mich zurückziehen, als die antwortende Stimme, eine Frauenstimme, sagte: »Komm noch nicht, Attilio; im Korridor ist ein Mann im Schlafanzug. Er spaziert auf und ab. Er könnte dich sehen.«

Ich hörte von der andern Seite ein wirres Quaken. »Oh?« antwortete sie, »ich weiß nicht, wer es ist. Ein armer Irrer, der das immer macht. Komm nicht, ich bitte dich. Im Zweifelsfall rufe ich zurück.« Sie hängte mit einem dumpfen Knall ein, und ich hörte Schritte im Zimmer. Ich entfernte mich in Eile, wie auf Schlittschuhen gleitend. Am Ende des Korridors war ein Sofa, ein zweiter Wäschehaufen und eine Mauer. Ich hörte, wie die Tür des Zimmers 22 sich öffnete, die Frau beobachtete mich durch einen Spalt. Dahinten konnte ich nicht bleiben; ich kehrte langsam zurück. Ich hatte ungefähr zehn Sekunden Zeit, bis ich wieder am Zimmer 22 vorbeikam. In Blitzesschnelle prüfte ich die verschiedenen möglichen Hypothesen: 1) In mein Zimmer zurückkehren und mich dort einschließen; 2) idem mit Variante: Ich informiere die Dame, daß ich alles gehört habe, und hoffe ihrem Wunsch gemäß zu handeln, indem ich mich zurückziehe; 3) sie fragen, ob sie wirklich Wert darauf lege, Attilio zu empfangen, oder ob ich ein Vorwand sei, den sie sich ausgesucht habe, um einen ihr nicht genehmen nächtlichen *bullfight* abzusagen; 4) das Gespräch ignorieren und meinen Spaziergang fortsetzen; 5) die Dame fragen, ob sie vielleicht die Absicht habe, den Herrn vom Telefon durch mich zu ersetzen zu dem in Nummer drei erwähnten Zweck; 6) Erklärungen verlangen zu dem Ausdruck »armer Irrer«, mit dem sie mich bezeichnet hatte; 7) ... die siebente nahm in meinem Gehirn nur mühsam Gestalt an. Aber nun war ich vor dem Türspalt angelangt. Zwei schwarze Augen, eine rote Bettjacke über einem Seidenhemd, kurze gelockte Haare. Es war ein Augenblick, dann schloß sich der Spalt plötzlich. Ich trat in mein Zimmer und hörte das Telefon wieder auf Nummer 22 klingeln. Die Frau sprach leise, ich hörte die Worte nicht. Ich kehrte wie auf Samtpfoten in den Korridor zurück, und es gelang mir wieder, sie zu verstehen: »Es ist unmöglich, Attilio, ich sage dir, es ist unmöglich ...« Dann das Klicken des eingehängten Hörers und ihr Schritt zur Tür hin. Mit einem Satz stürzte ich auf den zweiten Schmutzhügel zu und wälzte in meinem Herzen die Hypothesen 2, 3, 5. Der Spalt öffnete sich wieder. Ich konnte unmöglich da stehenbleiben. Ich sagte mir: Ich bin ein armer Irrer, aber wie ist sie darauf gekommen? Und wenn ich mit meinem Herumspazieren sie vor Attilio retten würde? Oder Attilio vor ihr? Ich eigne mich nicht dazu, irgend etwas zu entscheiden, schon gar nicht das Leben anderer Leute. Ich ging zurück und schleppte mit dem Pantoffel einen Kissenbezug mit. Der Spalt war breiter, der gelockte Kopf deutlicher zu sehen. Ich war einen Meter von diesem Kopf entfernt. Ich erstarrte in Habtachtstellung, nachdem ich mich mit einem Tritt vom Pantoffel befreit hatte. Dann sagte ich mit einer zu lauten Stimme, die im Korridor widerhallte: »Ich habe meinen Spaziergang beendet, gnädige Frau. Aber woher wissen Sie, daß ich ein armer Irrer bin?«

»Das sind wir alle«, sagte sie und schloß abrupt die Tür. Im Innern klingelte wieder das Telefon.

Am Strand

Das gelbe Kärtchen, das ich heute morgen im Sand gefunden habe, wo ich mich gewöhnlich in die Sonne lege, neben den Zeitungen und dem Liegestuhl, wenige Schritte von den Sonnenschirmen der Pension Hunger entfernt, teilt mir mit, daß ein Paket aus den USA für mich in der Stadt eingetroffen ist. Wenn es bis zum achtundzwanzigsten dieses Monats nicht abgeholt wird, wird es laut Kärtchen an das Rote Kreuz weitergeleitet. Ein Paket von wem? Und tatsächlich an mich adressiert? Und um mir jede legitime Neugier zu nehmen, liegt ein Brief da, der in Florenz zurückgewiesen wurde und mit dem Paket bis hierher über die Meere gereist ist. Sie ist eine Miß Bronzetti, die sich an mich erinnert und mir Kakao, Zucker und andere Leckereien schickt; sie hofft von mir gute Nachrichten zu bekommen, grüßt mich herzlich und erinnert sich an die Geduld, die ich mit ihrer Katze hatte, die beim Metzger im Erdgeschoß meines Hauses Fleisch stibitzte. Es folgen ein paar Förmlichkeiten, das Angebot weiterer Pakete und als Unterschrift die Buchstaben: A. B. »A. B.«, wiederhole ich mir immer wieder. »Aber gewiß, warum nicht? Sie muß Annalena oder Annagilda heißen.«

Ich wende mich an Antonio, der zu seinem Liegestuhl zurückkehrt und die Spur seiner nackten Füße in den Sand gräbt. Er muß es gewesen sein, der den Briefträger auf dem Rad pfeifen hörte, ihm entgegenging und meinen Teil der Korrespondenz an meinen Platz gelegt hat. Vielleicht erinnert er sich, der fast alle meine Bekannten der letzten Jahre gekannt hat, an mehr.

»Anactoria oder Annabella«, bestätigt er. »Ich erinnere mich sehr gut an sie. Sie wohnte in der Nähe von San Gervasio. Sie war von Vercelli oder von irgendwo dort oben. Sie unterrichtete in einem College in Wisconsin oder Vermont; aber in jener Epoche hatte sie einen großen Urlaub und verbrachte den Winter in Florenz.«

Ein Blitz erleuchtet mein Gedächtnis, ein wirklicher Blitz in der Dunkelheit. Ich sehe eine billige, kleine Wohnung im Viertel der Cure, eine sehr aufgeräumte Jungfernwohnung voll von billigen Stichen und Farbdrucken – die Venus von Botticelli, die Fresken des Masaccio in Santa Maria del Carmine, Engel von Gozzoli – und Bücher, viele Bücher in Originalumschlägen und unmenschliche Bücher aus Leihbibliotheken, deren Titel mich schon einschüchterten: *Misunderstood, Kidnapped, Upstarts* ... und daneben unsere Klassiker in Jugendstileinbänden, die Renaissance für Ausländer: die *Canti carnascialeschi* und vielleicht einen kleinen englisch-italienischen Dante und eine Sammlung von *Laudi* aus dem dreizehnten Jahrhundert. Und in diesem Refugium wohnt sie, Annabella oder Anactoria, die magere kleine hartnäckige Piemonteserin, die durch zwanzig oder dreißig Jahre Unterricht in den Vereinigten Staaten, durch zwei Generationen von Mädchen, die sie im Kult und in der Achtung unserer Sprache erzogen hat, immer tiefer mit Italien verbunden wurde, mit dem Land, das zu jeder Zeit, in jeder Situation und bei jedem Sprung des politischen oder historischen Barometers ihr Land geblieben ist.

»Anactoria ... natürlich! Ich erinnere mich sehr genau«, sage ich zu Antonio und versuche, mich meiner Sache sicher zu zeigen. »Das ist sehr liebenswürdig von ihr. Ich werde ihr schreiben, bevor ich das Geschenkpaket abgeholt habe. Das wird allerdings von hier aus eine verdammt komplizierte Sache sein. Ich brauche eine Vollmacht, einen Personalausweis und was weiß ich noch ...«

In Wahrheit bin ich sehr beschämt. Ich denke an die Scherze des Gedächtnisses, an den alles verschlingenden Brunnen der Erinnerung. Ich glaubte mich, mir selbst und anderen gegenüber, reich, weil ich annahm, daß unendlich viele untergegangene

Dinge in mir fortlebten und in meiner Brust ihre letzte Rechtfertigung fänden: Ich glaubte mich reich und war in Wirklichkeit arm. Jemand, den ich vergessen hatte, hat mich überrascht; ich bin es, der im Gedächtnis Anactorias oder Annalenas noch existiert, ich lebe in ihr weiter und nicht sie in mir. Aber wie nur kann eine Erinnerung bis zu diesem Punkt verschwinden? Ich war mir immer bewußt, daß ich im Schrein meines Gedächtnisses eine Menge von Geistern hütete, die ich nicht evozierte, um nicht Schatten zum Leben zu erwecken, die mir nicht immer angenehm waren, die immerhin manchmal an die Oberfläche des Bewußtseins aufstiegen und in irgendeiner Weise dessen Reichtum ausmachten. Solche Reminiszenzen, nicht aufgegangene Sporen, Kastagnetten mit verspätetem Knall lassen sich mühelos erklären, rechtfertigen. Aber was soll man zu den Tatsachen sagen, die *ex abrupto* aus unserer trägen grauen Hirnmasse hervorquellen, was soll man vom Phänomen eines totalen Verschwindens halten, das sich plötzlich als Gegenwart enthüllt? Ich glaubte bisher an ein relatives und fast willentliches Vergessen, an einen, ich möchte sagen, tayloristischen Prozeß des Gedächtnisses, das Dinge, die ihm nichts nützen, in den Ruhestand versetzt, aber den Anfang und den Faden von allem bewahrt. Aber da gibt es nichts zu diskutieren: Anactoria oder Annabella war von meinem Denken für vier, fünf oder sechs Jahre vollkommen unterdrückt worden und ist jetzt zurückgekehrt, weil sie zurückkehren *wollte,* sie schenkt sich mir, und nicht ich bin es, der sie auf der dilettantischen Suche nach der verlorenen Zeit wiedererweckt hat. Sie ist der liebevolle und würdige Eindringling; sie ist beim Erforschen ihrer Vergangenheit meinem Schatten begegnet, und sie hat im besten Sinne des Wortes wieder eine »Korrespondenz« hergestellt.

»Die Episode der Katze«, sage ich zu Antonio, »macht mich aber sehr unsicher. Vor allem habe ich nie in einem Haus gewohnt, in dessen Erdgeschoß ein Metzger seinen Laden hatte. Und dann hätte ich dem Tierchen auch einen Namen gegeben, und an die Namen der Tiere erinnere ich mich immer.«

»Sie hatte eine Katze«, bestätigt Antonio. »Es war ein Weibchen. Sie wollte auf den Arm genommen, gestreichelt und gekost werden und miaute jämmerlich, wenn man sie nicht zufriedenstellte. Sie muß wenige Tage später aus dem Fenster gefallen oder weggelaufen sein. Ihre Besitzerin war schon gegangen. Mit den Mädchen abgereist, glaube ich: Patricia ... und die andern.«

»Oh, Patricia; an sie habe ich oft gedacht. Und warum habe ich denn Annalena ...«

Das Licht blitzt über den apuanischen Alpen, die zwischen zwei Spätaugustgewittern klar sichtbar sind. Die Badenden sind spärlich geworden, aber viele gelbe grüne orangefarbene Sonnenschirme sind noch über dem feuchten Sand geöffnet. Es gelingt mir nicht, so braun zu werden, wie ich es wünsche, und durch die dunklen Gläser der Sonnenbrille sehe ich den letzten Verkäufern nach, die an den verlassenen Kabinen vorbeigehen. Ich höre ihre eintönigen und nunmehr mutlosen Rufe: »Steinpilze, kalte Getränke, Himbeeren ...« Dann kommt der Blinde mit dem Pudel – eine schwarze Velasquez-Figur –, und aus den Falten seiner Ziehharmonika erklingt das Seufzen des ewigen »Besame mucho«. Es muß schon spät sein.

»Aber ja, ich erinnere mich sehr genau, ich habe ein zuverlässiges Gedächtnis. Obwohl Anastasia – Anactoria, meine ich – in den Winterferien war, hatte sie den Auftrag, die Mädchen des Instituts von Miß Clay in der Stadt zu beaufsichtigen, wenn sie von der Villa Giramontino herunterkamen. Sechs oder sieben kleine Millionärinnen, die hier Bildung tanken sollten. Sie studierten Kunstgeschichte, Musik, Tanz, Geschichte des Faschismus und andere Raritäten. Im Frühling gab es eine Prämierung in der Villa, an der auch der Präfekt teilnahm – *His Excellency* – und die drei oder vier Anführer der politischen Gangs der Stadt. Die Mädchen waren begierig, sie kennenzulernen, und Miß Clay war geradezu begeistert von ihnen. Einer war vielleicht adlig und hatte sogar eine amerikanische Gattin. Auf einem dieser Feste muß ich zum erstenmal Herrn Stapps begegnet sein. Patricia, die unruhigste der Gruppe, sagte, sie habe eine Schwäche für ihn.

Als sie die Villa Giramontino verließ, um als Gast bei einer adligen Familie in der Stadt zu wohnen, wurde Anactoria beauftragt, sie noch strenger zu überwachen. Sie begleitete sie in die Museen und in die Konzerte, ins Theater und in die Boboli-Gärten und vergewisserte sich, daß sie an den anderen Abenden mit den Hühnern zu Bett ging. Aber Patricia war gegen Mitternacht schon mit Herrn Stapps unterwegs. Arme Anactoria, wenn sie das gewußt hätte ... Oder vielleicht wußte sie es und ließ es geschehen. Ihr Schicksal war, die andern brennen zu lassen, aber was sie betraf ... Im übrigen war sie zu alt, um Java zu tanzen. Sie wird dreißig oder vierzig Jahre in einem *flat* von zwei Zimmern gelebt haben, in der Gartenstadt eines riesigen Wespennestes von Mädchen; sie aß mit ihrer Mädchengruppe im Refektorium, und manchmal briet sie sich, noch einsamer, zwei Eier mit Speck auf dem elektrischen Herd in ihrer Küche. Alle sechs oder sieben Jahre kam sie nach Hause, nach Italien, doch jetzt ein bißchen entfremdet und mit ein paar Amerikanerinnenallüren (›Bei uns geschehen solche Dinge nicht ...‹), um dann später wieder fast vor Heimweh zu sterben, wenn Studenten in einem Wäldchen Shakespeare-Stücke aufführten, wenn absteigende deutsche Stars Konzerte gaben oder französische *Académiciens* auf Tournee Vorträge hielten. Ich verstehe, ich verstehe. Wir waren wenig höflich, Antonio, wir hätten ihr zuerst schreiben sollen, und vor allem hätten wir uns um sie kümmern müssen, als sie hier war ...«

»Bist du verrückt?« fragt Antonio überrascht und blickt von seiner Zeitung auf. »Denkst du immer noch an das arme Weib? Schick ihr eine Karte und hör auf damit. Wer hat sich übrigens noch an sie erinnert? Wo wir nicht einmal ihren Namen wissen!«

»Wir wissen ihren Namen nicht, Antonio«, sage ich entrüstet. »Ich erinnere mich an alles, unerbittlich, das kann ich dir versichern. Nur die Sache mit der Katze paßt mir nicht. Aber im übrigen verstehe ich alles, auch das, was Anactoria-Anastasia mir weder heute noch damals gesagt hat. Denk an die Nachrichten, die sie erreicht haben müssen, als wir uns nach dem letzten

Krieg einer Bande von Schurken unterwarfen. Denk an ihr offenes Urteil über eine Situation, die aus tausend Meilen Entfernung und angesichts des *bourrage de crânes* der Propaganda schwierig erscheinen mußte. Anactoria pfiff darauf, Seine Exzellenz zu verehren, daran erinnere ich mich noch sehr wohl. Und sie teilte die politischen Ressentiments von keinem Liebhaber, im Unterschied zu vielen anderen ihrer Kolleginnen, die die im Wald verirrten Schafe zu hüten hatten. Sie war die Reinheit und die Gerechtigkeit in Person, Antonio, und wir erkennen das zu spät. Sie dachte mit ihrem Kopf: wie ich ... und besser als du.«

Antonio steht gähnend und sich reckend auf. Ein paar schwere Tropfen fallen auf den Sand, und ein Wind kommt auf, der die Resedapflanzen in den kleinen Pinienhainen schwarz färbt. Die letzten Badegäste eilen zur Terrasse der Pension Hunger, wo eifrige Kellnerinnen hin- und hereilen. Der Badewart schließt die wenigen Sonnenschirme, die noch offen waren, und nimmt sie mit. Ich habe den Gong nicht gehört; aber ein Uhr muß schon eine ganze Weile vergangen sein.

»Für dich ist immer alles zu spät«, sagt Antonio. »Aber deiner Attanasia kannst du noch eine Wiedergutmachung bieten. Wir wollen uns auf den Weg machen und feststellen, ob die Küche des Hotels ihres Namens immer noch würdig ist.«

Aufenthalt in Edinburg

In Edinburg, einer Stadt, deren wichtigste Plätze die Form des Halbmonds haben, gibt es eine Kirche mit polygonalem Grundriß, um die herum eine Inschrift läuft, die viel länger ist als die Texte, die die Mauern unserer Dörfer bis vor zwei Jahren schmückten. Dieser endlose Satz, dem man von Mauer zu Mauer folgt, indem man rund um die Kirche geht, preist weder einen irdischen Herrscher noch irgendeine Berühmtheit unserer vergänglichen Welt. In raffinierten Ausschließungen und Verneinungen sagt die Spirale von goldenen oder aus Mosaiksteinchen gebildeten Buchstaben (wer erinnert sich noch?) dem gedankenlosen Passanten, wo der Himmlische Herrscher nicht ist, wo man ihn nicht zu suchen braucht ... *God is not where* ... Gott ist nicht wo ... – und der Leser muß ein paar Schritte machen, um zur nächsten Seite des Polygons zu gelangen: *God is not where* ... –, und alle Orte, wo das Leben einfach, angenehm und menschlich ist und wo Gott in Wirklichkeit zu suchen und zu finden sein sollte, werden aufgezählt in langen Wortreihen, die alle der Mahnung gewidmet sind: Hier ist Gott nicht, und auch nicht hier und auch nicht hier ...

An einem Sommertag spazierte ich lange um dieses vielfältige Satzgefüge, indem ich vor- und rückwärts ging und mit Angst im Herzen und Schwindel im Kopf mich fragte: »Aber wo ist denn schließlich Gott, wo ist er?«

Vielleicht sprach ich diese Frage wirklich mit lauter Stimme aus; denn ein distinguierter Herr, der den Halbmond überquerte und der, wie ich nachher erfuhr, ein pensionierter Oberst vom Korps der Highlanders war, blieb neben mir stehen und verneinte entschieden, daß sich die Lösung dieses Problems geschrieben oder ungeschrieben, inner- oder außerhalb dieser presbyterianischen Mauern finden lasse.

»*God is not here, Sir*«, sagte er mit ernsthaft informierter Miene, und nachdem er eine kleine Bibel aus der Tasche gezogen hatte, begann er mir daraus ein paar Verse laut vorzulesen. Ein paar Vorübergehende blieben stehen und bildeten einen Kreis um den Leser: zuerst ein paar Frauen und zwei oder drei Arbeiter; dann wurde die Ansammlung größer, und einer der Anwesenden zog eine andere Bibel aus der Tasche und begann auf eigene Rechnung zu lesen, wobei er sich entschlossen zeigte, die These des offiziellen Sprechers zu widerlegen. Nach kurzer Zeit gab es drei oder vier Gruppen, deren jede ihren Diskussionsleiter oder improvisierten Schiedsrichter hatte, der das Wort erteilte und entzog, das Für und das Wider der einzelnen Argumente zusammenfaßte und anscheinend unmögliche Versöhnungen und Vermittlungen versuchte. Presbyterianer von strikter Observanz oder Arminianer mit weiten Ärmeln, Methodisten, Darbysten und Unitarier, Laue und Gleichgültige, Männer und Frauen und Kinder, Bürger und Arbeiter, Angestellte und Rentner, alle redeten oder hörten zu mit einem eigentümlichen Leuchten im Blick. Verwirrt darüber, gegen meinen Willen in dieses mystische Wespennest gestochen zu haben, entfernte ich mich wenige Schritte und wandte mich zur Princes' Street, der großen Straße, die nur auf einer Seite mit Häusern bebaut ist, auf der andern den Blick frei gibt auf den (für Schotten) imposanten, fast hundert Meter hohen Felsen mit dem Schloß. In der Princes' Street befinden sich die vornehmen Klubs, die exklusiven Zirkel, die von doppelten Kristallfenstern beschützt sind, hinter denen sich die Silhouette von gestrengen Butlern in Livree abzeichnet. Es ist immer windig, und auf der königlichen Straße bewegt sich niemand, aber zwischen den großen Gebäuden sieht man volkstümlichere Straßen abwärts führen, die zu neuen Halbmonden, zu andern Plätzen mit andern Kirchen und Gärten geleiten. *God is not where* ... Wo war er? Hatten sie *ihn* wohl gefunden? Ich empfand eine große Angst und machte mir Vorwürfe, daß ich während so vieler Jahre in meinem eigenen Lande mir diese Frage nie ernsthaft gestellt hatte. Als ich auf den Platz zurückkehrte, sah ich, daß nur wenige zurückgeblieben waren. Der alte Oberst, der gerade seine Bibel einpackte, begleitete mich und kommentierte mit munterer Höflichkeit – *heartily* – den Hergang der Diskussion. Ich fragte ihn nicht nach dem Ergebnis, und vielleicht hätte ich es auch nicht entdeckt in dem Strom von Worten, der mir zur Hälfte verlorenging.

Die Angst

Ich bin sehr empfänglich für die Stimmung der nordischen Städte, und der Anblick eines Zürich mit verschneiten neogotischen Türmchen und vereisten Straßen, auf denen große Automobile leise hinglitten, dazwischen die wechselnden Reflexe der farbigen Neonreklamen, faszinierte mich hinter den Doppelfenstern meines Hotelzimmers. Alles war geisterhaft leer und gleichzeitig von Leben wimmelnd (bis fünf Uhr nachmittags). Es war ungefähr vier Uhr; der Stadt blieb noch eine Stunde Leben. Mein Atem ließ die innere Fensterscheibe leicht anlaufen. Das Zimmer war überheizt, aber draußen zeigte das Thermometer zweiundzwanzig Grad unter Null. Das Telefon klingelte. Es war der Hotelportier.

»Frau Brentano Löwy ist hier«, sagte er, »sie ist mit Ihnen verabredet. Kann sie zu Ihnen hinaufkommen?«

»Ja bitte.«

Es mußte eine dieser Intellektuellen mit Turban sein, die mir am Vorabend nach meinem Vortrag gratuliert hatten. Sie hatte um ein Gespräch unter vier Augen gebeten, ein Interview für ein illustriertes Magazin mit großer Auflage. Ihre Spezialität waren die großen Männer in Hemdsärmeln. In Ermangelung von sehr großen Männern begnügte sie sich auch mit halbkalibrigen, wenn sie nur interessant waren. Ein paar Indiskretionen, ein bißchen Farbe, ein Photo, und der Artikel war fertig. Sie war eine berufsmäßige Interviewerin, mit Gespür und Sensibilität begabt und sehr gut bezahlt, wie ich mir hatte sagen lassen. Sie klopfte an die Tür und trat ein. Sie trug einen blauen Turban, der von einer roten Feder überragt wurde, ein sehr eng anliegendes Kostüm und einen teuren Pelzmantel, den sie sogleich auszog. Sie hatte dunkle, wahrscheinlich gefärbte Haare; ihr Alter war undefinierbar.

»Einen Tee?« schlug ich vor.

Sie war einverstanden. Ich nahm den Hörer und bestellte zwei Tee auf mein Zimmer.

»Ich habe Ihnen nicht viele Fragen zu stellen, Herr Montana«, sagte sie. »Ich will Ihnen meinen kleinen Fragebogen rasch vorlesen. Sind Sie für die Einigung Europas? Als föderative Union mit teilweisem Verzicht auf die Staatsgewalt oder als einfache Verteidigungsunion, die gemeinsam eine schlagkräftige Armee aufstellt? Glauben Sie, daß die periphere Aktion der UNESCO nützlich ist? Sind Sie für oder gegen die Hinrichtung des Negers MacGee, der eine amerikanische Frau vergewaltigt haben soll? Wem würden Sie einen Friedenspreis zusprechen? Glauben Sie, daß die Rechte der Frau in Italien genügend gewahrt werden? Ziehen Sie den atheistischen oder den christlichen Existentialismus vor? Finden Sie, daß das Figürliche im Gebiet der bildenden Künste noch einen Sinn hat? Sind Sie für oder gegen die Euthanasie? Sind Sie der Meinung, daß eine europäische Grundsprache von dringender Notwendigkeit sei? Und haben Sie den Eindruck, daß in einer solchen neuen Sprache ein dreiprozentiger Anteil des Italienischen genügen würde?«

Sie hielt an, nahm einen Schluck Tee und fuhr dann fort:

»Einfache Sachen, wie Sie sehen. Dazu noch ein paar persönliche Fragen. Lieben Sie die Tiere? Welche am meisten? Sind Sie sicher, daß Sie sie genügend geschützt und verteidigt haben? Ziehen Sie die Katzen den Hunden vor oder umgekehrt? Haben Sie sich gegen die Vivisektion der Tiere ausgesprochen?«

Sie schwieg und beobachtete mich durch ihr Lorgnon. Es folgte ein Augenblick des Schweigens, der vom Schlagen der Uhr unterbrochen wurde.

»Ich habe immer geglaubt, die Katzen den Hunden vorzuziehen«, sagte ich dann und entschuldigte mich, daß ich bei den einfachsten Antworten begann. »Später wurde ich durch die hysterische Leidenschaft gewisser Frauen für Katzen dazu bewegt, mein Interesse den Hunden zuzuwenden. Aber meine Bekehrung geschah erst kürzlich und beruht auf der Beobachtung, daß die Hunde (mehr als die Katzen) in unserer Erinnerung bleiben und in uns weiterleben wollen. Theoretisch bin ich gegen das Weiterleben und glaube, es wäre außerordentlich würdig, wenn der Mensch oder das Tier sich damit abfinden würden, im ewigen Nichts unterzugehen. Aber in der Praxis – durch Überlieferung – bin ich ein Christ und kann mich dem Gedanken nicht entziehen, daß irgend etwas von uns weiterdauern kann oder muß. Der Hund Galiffa, dessen Photographie ich Ihnen, verehrte Kollegin, vorweisen kann, ist vor mehr als vierzig Jahren gestorben. Auf diesem Bild, dem einzigen, das es von ihm gibt, steht er neben einem Freund von mir, der auch gestorben ist. Ich bin also der einzige Mensch, der die Erinnerung an diesen fröhlichen Bastard mit rötlichem Fell bewahrt. Er liebte mich, und als es zu spät war, liebte auch ich ihn.

Passepoil«, fuhr ich fort, »war mein zweiter Hund, ein *Scottish terrier* von sehr zweifelhafter Rasse. Wir liebten uns nicht besonders, und ich überließ ihn Freunden. Ich habe kein Bild von ihm; aber er erinnert sich vielleicht im Elysium der Hunde, daß ich ihm beim Zusammenstoß von zwei Autos das Leben rettete. Der dritte Hund war Buck, ein Wolfshund. Er war gut und meiner Schildkröte so zugetan, daß er mit ihr das Essen teilte. Als er die Staupe bekam, gelang es mir, ihn zu Bauern in Val di Pesa bei Florenz zu geben. Aber in der ersten Nacht machte er sich davon und kam nach einem Weg von dreißig Kilometern nach Hause zurück. Die Staupe verschlimmerte sich, und er wurde mit einer Spritze eingeschläfert. Seine Leiche habe ich nicht gesehen. Euthanasie oder beinahe; wie Sie sehen, Frau Brentano, sind wir beinahe beim Thema. Der vierte Hund war Pippo, ein reinrassiger Schnauzer. Er wurde in der Villa von Olga Löser geboren, einem Haus zwischen Olivenbäumen, in dem es acht Bilder von Cézanne gibt. Die alte Besitzerin ist gestorben, ich habe überlebt. Auch Pippo lebt in einer Stadt in den

Marken. Er war sehr empfindsam und hat mir nie verziehen, daß ich ihn wegschenkte. Aber irgendwann hinderte das Leben mich, Hunde zu halten.«

»Ach, das Leben!« sagte Frau B. L. seufzend, »das Leben in Italien! Ich habe herrliche Erinnerungen an Italien; ich habe lange Zeit dort verbracht. Ein anbetungswürdiges Land, die Männer jedoch ... wenn Sie wüßten, wie ich mich wehren mußte ... Immer bereit und auf der Lauer! Sind Sie wie die andern? Oder sind Sie anders?«

Eine Träne rollte ihr über die Wange und kam zwischen dem Puder nur langsam vorwärts.

Mit unsicherer Stimme sagte ich ein paar Worte.

»Ja, Frau B. L., ich bin anders, ganz anders (und als ich sie eine Bewegung machen sah, die vielleicht von Enttäuschung zeugte) ... im Grunde jedoch nicht, ich bin nicht allzu verschieden (und in der Furcht vor einer aggressiven Geste) ... aber schließlich glaube ich doch, daß ich anders bin, anders als die andern.« Ich schwitzte, und jedes Wort schien mir ein schrecklicher Fauxpas.

Das Telefon klingelte. »Das Auto von Frau Brentano ist da«, sagte der Portier.

»Ich danke Ihnen für Ihre interessanten Ausführungen, Herr Fontale«, sagte die Dame und zog den Lippenstift hervor. »Ich werde ... auf Ihre Verschiedenheit hinweisen.«

Sie ging mit einem Kopfnicken. Später schickte sie mir den Zeitungsausschnitt mit dem Interview. Da war weder die Rede von Hunden noch von Männern, die auf der Lauer lagen, sondern von Herrn Puntale und dem modernen Problem der Angst.

Der Engländer

Ich kenne einen Herrn, der die Weihnachtsferien in der Schweiz verbringt und dabei einen Sport betreibt, den er selbst erfunden hat: denjenigen des »falschen Engländers«. Ich habe erraten, aus welchem Grund er diese Rolle außerhalb Englands spielt. Denn auf den Britischen Inseln sind die Engländer Dutzendware, sie lieben weder sich selbst noch die Fremden auf der Durchreise, und es gelingt ihnen nicht, im eigenen Haus die Engländer zu spielen, wie es sich gehört. Um den Engländer zu spielen, braucht man eine andere Umgebung, eine neutrale, höfliche Welt, die im Grunde unbequem, dem Schein nach aber außerordentlich komfortabel ist. Das (in seinem Kern) raubtierhafte, hektische und rastlose Albion ist wahrhaftig das letzte Land der Welt, in dem man den Engländer zu seinem eigenen Vorteil spielen kann.

Wahrscheinlich kann der falsche Engländer, den ich kenne und dem ich seit Jahren vergeblich nacheifere, seine wahre Identität vor der Direktion des Hotels, in dem er wohnt, und dem scharfäugigen Portier nicht verbergen; aber das ist nicht wichtig: Das Spiel beginnt erst, wenn die Papiere vorgezeigt sind. Es besteht darin, auf jede sportliche Betätigung zu verzichten, den ganzen Tag in der Hotelhalle zu bleiben, zur passenden Zeit *tea and cakes* zu sich zu nehmen und, ohne mit der Wimper zu zukken, das Menü des Hotels zu akzeptieren, auch wenn es die verabscheuungswürdigsten Speisen enthält, die die italienischen Gäste nach pittoresken Verwünschungen in römischem Dialekt durch Filets oder zebragestreifte Kalbs-Paillards ersetzen.

Wenn es zum Beispiel Irish-Stew gibt, ein süßliches Gemisch

von gekochtem Hammelfleisch, Rüben und Erbsen aus der Dose, so spießt der falsche Engländer jedes Stücklein Fleisch, jedes Rübchen und jedes Erbschen auf die Gabel und verspeist dies mit ehrfürchtiger Andacht und tut auch so, als habe er zu Hause jeden Morgen eine Unzahl von geräucherten Heringen und Hafersuppe verschlungen.

Der falsche Engländer raucht holländische Zigarren und trinkt den Kaffee, den man ihm bringt, ohne einen Filterkaffee zu verlangen; in einen Polstersessel versunken, verbringt er den Nachmittag, indem er Artikel über die bernische Oligarchie im achtzehnten Jahrhundert liest und die Ansichten, die der große Gibbon über dieselbe äußerte: Er durchforscht die Nachrichten der *Gazette de Lausanne*, ohne die Todesanzeigen zu vergessen, und beendet vielleicht den Tag sogar mit einem Buch aus der Hotelbibliothek, das er unter den harmlosesten aussucht, von Wilkie Collins bis Ouida. Der falsche Engländer ist mit jedermann freundlich und spricht mit niemandem; von seinen Lippen kommt nur hie und da ein »kju« des Danks, wenn andere Ausländer oder Tischgenossen sich ihm gegenüber besonders liebenswürdig erweisen. Der falsche Engländer trägt abends die schwarze Jacke, die die Italiener – nicht die Engländer – *smoking* nennen, und er trägt sie so ungezwungen, als hätte er Jahre des Trainings hinter sich. In der Silvesternacht wohnt der falsche Engländer dem *Réveillon dansant* bei, aber er tanzt nicht, weil er nicht tanzen kann oder niemanden kennt.

Er läßt sich einen Kübel mit einer Flasche *Champagne brut* bringen, setzt sich ein buntes Papphütchen auf, nimmt eine Trompete und bläst mit den andern, in Papierschlangen eingehüllt, blöd und selig. Wenn es Mitternacht schlägt und das Orchester schweigt und der Saal einen Augenblick dunkel wird und alle Anwesenden aufstehen und ihre Gläser erheben und die Pfropfen knallen und die Umarmungen und die Trinksprüche ihren Anfang nehmen, dann steht auch der falsche Engländer auf, hebt seinen Kelch und trinkt auf sein eigenes Wohl oder auf dasjenige einer weit entfernten Person. Wenn dann die Tänze wieder beginnen, steht er mit Würde auf, murmelt für diejenigen, die ihm den Vortritt lassen, ein »kju« des Danks, flüstert dem Liftjungen, der ihm die Tür öffnet, ein zweites »kju« zu und läßt sich würdevoll in sein Zimmer hinauffahren.

Am nächsten Tag ist er in korrektem grauen Anzug unter den ersten, die zum *breakfast* herunterkommen. Man sieht ihm an, daß er sich mit dem kleinen »kontinentalen« Frühstück ohne *porridge* und Würste abgefunden hat und sich mit Tee und Butterbroten begnügt. Das Hotel ist leer: Die andern schlafen noch oder sind als Bären verkleidet schon zu ihren Seilbahnen abmarschiert. Der falsche Engländer streckt sich in einem Polstersessel aus und nimmt das Buchzeichen aus einem alten, unlesbaren Roman. Er betrachtet die Schneeflocken, die vor den Fenstern wirbeln, und versucht vergeblich, seine Zigarre mit einem stets reparaturbedürftigen *lighter* anzuzünden; am Ende gibt er seiner Zigarre mit einem Streichholz Feuer, und eine sanfte Rauchspirale steigt auf. Der falsche Engländer neigt den Kopf zurück, liest, schwebt im Rauch, schläft, träumt. Morgen wird er abreisen. Wohin? Ich allein weiß es.

Ich kenne den Namen dieses Herrn nicht, dem ich manchmal in den Straßen Mailands begegne, wo er sich in einen wortreichen und zänkischen ambrosianischen Bürger verwandelt hat. Ich weiß nicht, ob er mich kennt, so wie ich ihn kenne. Ich weiß nicht, ob er weiß, daß ich ihn seit Jahren hartnäckig und vergeblich nachzuahmen versuche. Ich weiß nicht, ob er je in England gewesen ist und dort dieselbe bewundernde Langeweile empfunden hat wie ich. Ich weiß nur, daß in einem imaginären Verein falscher Engländer die Würde des Präsidenten ihm zustünde und diejenige des Vizepräsidenten mir.

Der Flug des Sperbers

Es regnet ununterbrochen. Jenseits des Innenhofs und jenseits eines verwinkelten Zickzacks von Dächern erhebt sich ein sehr hoher, kahler Baum. Je nach der Stärke des Regens verschleiert er sich und wird wieder sichtbar, erscheint als feingestochene Radierung oder als verwaschenes Pastell. Jetzt hat sich ein schwarzer Punkt, der vom Himmel heruntergekommen ist, auf den obersten Ast gesetzt, einen krummen, dünnen Ast, der sich unter dem Gewicht sogleich senkt. Es muß ein großer Vogel sein, kein Vögelchen, wie man aus der Bewegung des Astes und aus dem dunklen Flecken schließen kann, als der sich der Vogel vom grauen Himmel abzeichnet. Die wenigen andern Vögel, die die Fäden des Regens durchschneiden – Spatzen oder Schwalben –, sind viel kleinere Punkte. Nein, der dort oben ist weder ein Spatz noch eine Taube; er ist in stürmischem Flug senkrecht heruntergestoßen, so daß das Licht zwischen den ausgefransten Federn seiner Flügel durchschimmerte. Er dreht sich um sich selbst und pickt auf seinen Schwanz, der sehr lang aussieht; und der kleine Ast dient ihm als Schaukel. Wenn man ihn aufmerksam betrachtet, wird er immer größer, während man die Wirrnis der Äste kaum mehr sieht. Der Baum ist riesengroß, er muß ein Jahrhundert alt sein; von wieviel hundert Fenstern aus ist es wohl möglich, ihn zu beobachten? Vielleicht habe ich allein den himmlischen Besucher bemerkt; vielleicht aber auch nicht ... Und in der Tat, wenn ich mein inneres Ohr spitze, habe ich den Eindruck, eine Menge anderer Stimmen zu vernehmen.

»Es ist eine Wildtaube, es ist eine verirrte Elster, es ist eine

Ente«, sagen die Bewohner des vierzehnten Stocks eines ziegelfarbenen Wolkenkratzers fast im Chor.

»Es könnte ein Turmfalke sein. Aber ich sehe den Schnabel nicht. Gib mir das Fernglas, Adalgisa«, sagt der Naturforscher, der in einer Mansarde in der Via Borgospesso haust.

»Der Rabe von Edgar Poe«, sagt der alte Maler in der Via Bigli 17, der dieses Gedicht vor dreißig Jahren illustrierte.

»›Du kannst nicht sterben, unsterblicher Vogel!‹« sagt in einer Dachwohnung in der Via Pietro Verri ein Mann mit einer Glatze, der das Examen eines Privatdozenten für englische Literatur zweimal nicht bestanden hat. »Wer hat diese Worte geschrieben? Keats oder Shelley? Pasqualina, ich bitte dich, gib mir das gelbe Buch auf dem Kamin. Lerche oder Nachtigall? Aber der ist so groß wie ein Huhn. ›Du kannst nicht sterben ...‹ Zum Teufel! Und wenn ich denke, daß ich ausgerechnet wegen dieses Gedichts durchgefallen bin ...«

»Er sieht aus wie ein Pfau. Wie ist er nur dorthinauf geraten?« sagt ein Butler in der Via Sant'Andrea. »Komm und schau, Annetta. Ach, spiel dich doch nicht auf und bleib ein bißchen bei mir; die Herrschaft ist ja weg. Hast du schon einmal einen Pfau gegessen?«

Konfuse Geräusche, ein Schnalzen (vielleicht ein Kuß?), ein kleiner Wortwechsel.

»Es ist ein Sperber«, sagt die Stimme einer Frau, die von einem Dach hinter mir kommt. »Ein junger, glücklicher ... und freier Sperber. Er kann fliegen, wohin es ihm paßt. Das Gewitter stört ihn nicht: Er kennt keinen Ärger, keine Verpflichtungen, keine Sorgen. Er fliegt und lebt. Bald wird er in Codogno sein, dann in Parma, dann in Sizilien. Er setzt sich auf einen Baum, und niemand fragt nach seinem Ausweis. Er frißt, was er findet, Gras, Mäuse, Insekten, und er trinkt ein Elixier aus Rosenblättern, das feiner schmeckt als Chablis. Er ist ein Gott im Federkleid. Er ist ein Sperber, sag ich dir. Ich möchte er sein.«

»Bist du verrückt?« sagt die Stimme eines Mannes, der in ihrer Nähe sein muß. »Die Sperber leben in den Bergen; sie werden ausgestopft und sind gar nicht glücklich. Ich wette, das ist höchstens ein Eichelhäher, ein armer alter Eichelhäher, der wahrscheinlich in ein paar Stunden von einem Jäger getötet wird. Dabei ist er bestimmt ungenießbar. Was murrst du? Besser eine Stunde Freiheit als ein Sklavenleben? Blöde Romantik! Siehst du denn nicht ein, daß du dich, wenn du nicht ins Büro gehst, am Sonntag ganz verloren und mehr tot als lebendig fühlst? Der Mensch schafft sich unendlich viele Verpflichtungen, er stürzt sich in ein Meer von Schwierigkeiten, um des Vergnügens willen, sie zu überwinden. Der Mensch pflegt das eigene Unglück, um es in kleinen Portionen bekämpfen zu können. Immer unglücklich sein, aber nicht allzu unglücklich, ist die Conditio sine qua non für ein kleines intermittierendes Glück. Ich rede wie ein Professor? Eselin! Was würdest du dort oben auf dem Baum machen, tropfnaß und ... ohne mich? Möchtest du vielleicht nach Codogno, nach Sizilien fliegen? Ja? Du wagst es, ja zu sagen? Versuch es doch, du Närrin! Flieg! Versuch zu fliegen, arme Törin!«

Ein Windstoß läßt die Scheiben des Fensters erzittern und schüttelt auch den Baum. Mit einem Flügelschlag hat sich der Sperber vom Ast gelöst und zeichnet sich wie ein Wappentier am Himmel ab, bevor er zwischen den höchsten Dächern in die Tiefe taucht. Er hat seine Reise wiederaufgenommen. Der Ast, auf dem er saß, schaukelt weiter. Der Regen rauscht lauter. Ich höre streitende Stimmen, die ich nicht verstehe. Dann unterscheide ich die Stimme des Mannes von vorhin, der sagt:

»Du hast recht, ich bitte dich um Entschuldigung, es war ein Sperber, ein starker, freier, wunderbarer Sperber. Ich verstehe ... daß du an seiner Stelle sein möchtest. Auch ich möchte sein wie er ... aber mit dir. Das ist der Unterschied, der kleine Unterschied. Was sagst du? Daß das kein so kleiner Unterschied ist? Es war ein Sperber, verzeih mir, ich weiß nicht, warum ich mich darauf versteift habe, es zu bestreiten. Ich verstehe so wenig von Vögeln. Jetzt ist er sicher schon in Casalpusterlengo, vielleicht über dem Po. Es war ein Sperber, ich sage dir, daß du recht hast, ich sage es dir auf den Knien, verzeih mir, verzeih ...«

Ein anderer Windstoß, ein merkwürdiges Geräusch (vielleicht ein Kuß). Dann zum letztenmal eine dünne Stimme:

»Mit Milch oder mit Zitrone? Das vergesse ich immer. Wir sind so wenig zu Hause ... Wirklich ein schöner Vogel. Ich glaube, nun ist er schon in Piacenza, über der Piazza dei Cavalli.«

Der Schneemann

Es ist kalt. Sankt Moritz ist im Schnee begraben, die Zentralheizung funktioniert wunderbar, und ich spaziere (in meinem Zimmer) im Pyjama herum. Ich bin weder Skifahrer, Schlittschuhläufer noch Wanderer; ich fahre nicht Schlitten, das Gebirge erscheint mir im Sommer langweilig, im Winter unerträglich. Ich komme zum Jahresende hierher, um das Ballett zu sehen, das mein Freund Kind organisiert, um ein Eselchen aus Pappe, eine Trompete, ein Hütchen oder irgendeinen andern Firlefanz geschenkt zu bekommen und um den Anblick der Familien zu genießen, die sich umarmen, während die Pfropfen der Champagnerflaschen knallen. Und ich komme vor allem, um den Schneemann zu sehen, den Herr S. vor seinem Hotel baut, das meinem gerade gegenüber liegt. Vom Fenster aus genieße ich den Anblick des Schneemanns. Er ist drei Meter hoch, trägt einen Hut mit einer Feder, im Mund eine Zigarre, deren Asche gleich abfallen wird, zwei Mohrrüben als Ohren, zwei Zwiebeln als Augen, drei Steckrüben als Jackenknöpfe. Er hält ungefähr die Mitte zwischen Churchill und Grock. Aber was mich anzieht, sind die Zwiebelaugen. Vom ersten Tage an haben sie durch Ideenassoziation das tränenreichste Gefühl in mir erweckt. Der riesige Kinderschreck weint, das ist sicher. Er ist die einzige Person hier, die in diesen festlichen Tagen wirklich weinen kann. Er weint rote bittere Tränen, er weint Tränen, die so groß sind wie Billardkugeln. Aber niemand außer mir sieht die Tränen fließen. Es ist nicht derselbe Schneemann wie letztes Jahr, er ist jedes Jahr neu und doch immer der gleiche. Er weint nicht nur, weil er Zwiebeln in den Augenhöhlen hat, er weint auch aus andern

Gründen, die ich nicht erklären kann und die zu erforschen ich für unnötig halte. Und wenn ein neuer Schneefall ihn einhüllt und er noch mehlweißer und triefäugiger wird, gleicht er Churchill nicht mehr, sondern nur noch Grock. Und steht da und sagt: »Amüsiert ihr euch? Viel Vergnügen. Ich weine für euch alle in Erwartung meines Dahinschmelzens, bei dem diese Zwiebeln in den schmutzigen Straßenmatsch fallen werden ...«

Ich bin Moby Dick, dem weißen Wal, nie begegnet, aber ich habe Grock mehrmals gesehen, und während ich am Fenster stehe und die Scheiben sich von meinem Atem beschlagen, versuche ich mit dem wunderbaren Schneemann zu sprechen. »Gestatten Sie, Meister«, sage ich zu ihm, »daß ich mich Ihrer unaufhaltsamen, umfassenden, universellen Klage anschließe. Ich bin eigens hergekommen, um Sie zu sehen. In meiner Unwürdigkeit bin ich vielleicht der einzige, der die Gründe Ihrer Klage erahnen kann. Auch ich werde mich in Ihrem Schlamm auflösen; auch ich habe in den Augenhöhlen zwei kleine Zwiebeln, eine Rübe anstelle der Nase ... Gestatten Sie, Meister, daß ich ...«

Ein leichtes Klopfen an der Tür, und das Zimmermädchen, das mir den Tee bringt, tritt ein. Es stammt aus der Toskana und ist dem Nützlichen und nicht dem Mystizismus zugetan.

»Haben Sie gesehen?« sagt sie, weil sie bemerkt hat, wie aufmerksam ich zum Fenster hinausschaue. »Auch dieses Jahr haben sie die Vogelscheuche wieder gebaut.«

»Ach ja«, sage ich gleichgültig. »Den großen Schneemann. Warum eigentlich?«

Schmetterling von Dinard

Würde wohl der kleine safranfarbene Schmetterling, der mich jeden Tag im Café am Hauptplatz von Dinard besuchte, nach meiner Abreise wieder an diesen windigen und kalten Ort zurückkehren? Es war unwahrscheinlich, daß der eisige bretonische Sommer in den vor Kälte starrenden Gemüsegärten viele solche Fünklein zum Leben erweckte. Vielleicht war ich nicht den Schmetterlingen von Dinard, sondern *dem* Schmetterling von Dinard begegnet, und ich hätte gerne gewußt, ob der morgendliche Besucher absichtlich zu mir kam und die anderen Cafés demonstrativ überging, weil ich mich hier (im Cornouailles) befand, oder ob dieses Ecklein einfach in seinen täglichen Routineflugplan gehörte. Morgenspazierflug oder Geheimbotschaft, das war die Frage. Um sie zu beantworten, entschloß ich mich, vor meiner Abreise der Kellnerin ein gutes Trinkgeld samt meiner Adresse in Italien zu geben. Sie würde mir dann ja oder nein antworten, das heißt, sie würde mir schreiben, ob der Besucher nach meiner Abreise wieder erschienen war oder nicht. Ich wartete also, bis der kleine Schmetterling sich auf einen Blumentopf gesetzt hatte, zog dann einen Hunderterschein, einen Zettel und einen Bleistift hervor und rief das Mädchen. In einem Französisch, das unsicherer als gewöhnlich war, erklärte ich ihr stotternd den Fall, nicht den ganzen Fall, aber einen Teil. Ich war ein Insektenforscher aus Liebhaberei und wollte wissen, ob der Falter wieder hierherkommen würde und wie lange er das bei dieser Kälte noch aushielt. Dann schwieg ich, erschöpft und in Schweiß gebadet.

»*Un papillon? Un papillon jaune?*« sagte die leichtgeschürzte

Phyllis und schlug ein Paar Augen auf, wie sie Greuze zu malen liebte. »Auf diesem Topf? Aber ich sehe nichts. Sehen Sie genauer hin. *Merci bien, Monsieur.*«

Sie steckte den Hunderterschein ein und entfernte sich mit einem Filterkaffee auf dem Tablett. Ich senkte den Kopf, und als ich ihn wieder hob, sah ich, daß der Schmetterling vom Dahlientopf verschwunden war.

Nachwort

In der Erzählung *Das Schöne kommt danach* sagt eine energische junge Dame zu ihrem älteren Begleiter: »Du willst eben nicht vergessen. Du willst in deinem Graben bleiben und die Aale deiner Vergangenheit fischen.«

Dieser Satz könnte als Motto über Montales *Straußenfeder* stehen, einer Sammlung autobiographischer Skizzen, in denen die zurückhaltende und oft ironisch gefärbte Evokation der verschiedenen Lebensstationen des Autors immer wieder Anlaß wird zur Reflexion über die rätselhaften und überraschenden Mechanismen der Erinnerung. »Die Aale der Vergangenheit« sind dabei kein zufälliger Ausdruck: Im Prosastück dreht sich das Gespräch um die kleinen Aale, die der ältere Herr – eine der vielen Masken Montales – als kleiner Junge in den Rinnsalen der ligurischen Küste gefangen und in glühender Asche gebraten hatte; in Montales Lyrik ist der Aal ein immer wieder auftauchendes Schlüsselsymbol für die im Urschlamm des Gedächtnisses versunkenen Erinnerungsbilder der Kindheit, das in dem großen Gedicht *Der Aal* zur Metapher des Erinnerns überhaupt ausgeweitet wird. Da heißt es: »... die grüne Seele, die dort / Leben sucht, wo nur / Glut und Trostlosigkeit herrschen, / der Funke, der sagt, / alles beginnt, wenn alles scheint / zu verkohlen wie ein begrabener Strunk ...« Diese poetische Definition der Erinnerung, die als Funke erst aufblitzen kann, wenn der Rohstoff des Lebens erloschen und vergessen ist, steht in der Nähe des berühmten Proust-Wortes »... car les vrais paradis sont les paradis qu'on a perdus«, und doch haben die Erinnerungen, die in Montales Gedichten und Prosastücken auftauchen, mit den weitverzweigten und zauberhaft lebendigen Beschwörungen der Vergangenheit von Prousts »Recherche du temps perdu« kaum etwas gemeinsam, weil sie nur rasch aufblitzende Funken, zerbrechliche poetische Wunder sind, die die Düsternis seines nihilistisch determinierten Weltbildes für Momente erhellen. Montale bezeichnet sein Erinnerungsvermögen immer wieder als »müde«, »fahl«, »verwaschen«, »grau«, als »Erinnerungsnebel«. Die erste Strophe eines seiner berühmtesten Motetti lautet: »Du sollst dies Antlitz, Schere / nicht beschneiden, / das so allein noch blieb, wo sich Erinnerung leert, / und nicht zu Nebel soll mir dies Gesicht, / dies große, lauschende, auf ewig werden.«* Und in dem Prosastück *Das Schöne kommt danach* wird die Erinnerung mit fast spielerischer Ironie als Illusion entlarvt, wenn der ältere Herr zum Kellner sagt: »Ich wollte einen Grasmückenschenkel in Tannenzapfenfeuer gebraten und ein Stückchen Aal in Seifenlauge mariniert. Ich weiß, daß es nicht möglich ist. Schade. Die Rechnung bitte.«

Der Kontrast zwischen Prousts Mythos des »Temps retrouvé« und der mechanischen Zeit Montales, die den Lebensstoff des Menschen erbarmungslos verschlingt, hat seine Wurzeln nicht nur im Unterschied der Generationen – Proust wurde 1871, Montale 1896 geboren –, sondern vor allem in der besonders extremen geschichtlichen und gesellschaftlichen Situation, in der Montales Werk entstanden ist: Sein erster Gedichtband *Ossi di seppia* (Knochen des Tintenfischs) erschien 1925, zu einem Zeitpunkt also, da in Italien innerhalb der faschistischen Diktatur nur noch der Weg in die innere Emigration blieb. Für Montale war diese innere Emigration nicht wie für viele seiner schreibenden Zeitgenossen eine Flucht in die Idylle oder den Ästhetizismus, sondern Rückzug auf eine Poetik der Weltverneinung, die zugleich eine Form des politischen Protestes war. Der gelassene

* Eugenio Montale, *Glorie des Mittags.* Ausgewählte Gedichte. Italienisch und Deutsch, Übertragung und Nachwort von Herbert Frenzel. Piper Verlag, München 1960, S. 101.

und entschiedene Nihilismus seines zweiten Gedichtbandes *Le occasioni* (Die Gelegenheiten) wurde im Erscheinungsjahr 1939 als ein Ereignis empfunden, das Elio Vittorini in seinem *Offenen Tagebuch* wie folgt kommentiert: »Dieses Büchlein wiegt schwerer als so viele Taten, die euch die Zeitungen seit einem Jahr erzählt haben, seit zwei Jahren, seit vielen Jahren bis zum heutigen Tag ... Vielleicht ist Montale der einzige unter den heutigen Dichtern, der seiner anfänglichen Strenge treu bleibt. Er hat daraus sogar einen Lebensgrundsatz gemacht, und dadurch überträgt er das Negative daran in stoische Kraft, indem er es von innen heraus besiegt, innerlich abbüßt, ohne sich von irgendwelchen scheinheiligen bürgerlichen oder frommen Gefühlen, die wieder aufglühen, davon entfernen zu lassen.«

Diese negative und stoische Kraft prägt auch Montales Gedichtband *La bufera e altro* (Der Sturmwind und anderes), der 1957 erschien und durch die allerdings schwierige und verschlüsselte Auseinandersetzung mit dem politischen Geschehen der Kriegs- und Nachkriegszeit eine neue dramatische Spannung und eine Öffnung auf die Wirklichkeit gewinnt, die in den *Gelegenheiten* für immer abgeschnitten schien. In ihn sind zwei reine Prosastücke eingefügt, was bei einem Autor wie Montale nicht verwunderte: Sein Bedürfnis nach schmuckloser Genauigkeit, seine Tendenz zur diskursiven Schilderung und seine Abneigung gegen musikalische Effekte und Harmonien tendierten schon immer zur Prosa.

1960 erschien sein erster und einziger Prosaband *Farfalla di Dinard* (Schmetterling von Dinard), dessen einzelne Skizzen ungefähr im gleichen Zeitraum wie die Gedichte in *Der Sturmwind und anderes* entstanden und in ihrer autobiographischen Anlage – von der Kindheit im ligurischen Monterosso über die Jahre in Genua und Florenz bis zur letzten Lebensstation in Mailand – den Bogen der Erinnerung über vierzig Jahre spannen. Die italienische Kritik hat diese Prosastücke, von denen im vorliegenden Band gut zwei Drittel enthalten sind, vor allem als Divertissement, als ironische und parodistische Erholung vom strengen

Pessimismus seiner Lyrik gewertet und sich um die Aufzeigung der vielen – zum Teil klärenden und erhellenden – Korrespondenzen zwischen Prosaskizzen und Gedichten bemüht. Einem unbefangenen Leser enthüllen sich die Authentizität und die spröde Anmut dieser Prosa wahrscheinlich direkter: Die Erinnerung, die Montale sich in der Lyrik als Illusion versagt, belebt in den Prosaskizzen das graue Gefängnis des Alltags mit Menschen, Ereignissen, Farben und Formen, die sich im Licht einer skeptischen Heiterkeit entfalten, um in der vielfältigen Brechung einer trockenen Ironie wieder zu verschweben. An der Radikalität des Pessimismus hat sich dabei nichts geändert; im Gegenteil: Die magischen Objekte – Aale, Falken, immergrüner Lorbeer und Sonnenblume –, die in den Gedichten eine Flucht aus dem Determinismus in eine existentielle und metaphysische Lebensfreiheit zumindest andeuten, werden in den Prosaskizzen gelassen als Illusion entlarvt. Die »Aale der Vergangenheit« sind unerreichbar; der gelbe Zitronenfalter im bretonischen Café – ein Funke überlebenswilliger Daseinsfreude – löst sich in nichts auf, und die Straußenfeder, das einzige faßbare Zeugnis nächtlicher Traumbesuche, wird unter dem nüchternen Blick der Putzfrau zu einer Hühner- oder Taubenfeder, die der Wind ins Zimmer geweht hat.

Wo es sich dagegen um Dinge handelt, in denen sich die gemeinsame Vergangenheit von zwei Menschen spiegelt, ist der Prosaist Montale freundlich und nachsichtig: Die Reliquien, Zeitungsausschnitte mit den Photos eines Rennpferdes und eines Okapi, werden wiedergefunden, und die Fledermaus entschwindet unbehelligt im Dunkel der Nacht, nachdem das Ehepaar in ihr den Talisman seines Lebens erkannt hat, wobei es unter anderem auch vermutete, es könne sich um eine Reinkarnation des Schwiegervaters handeln. Im Bereich dieses menschlichen Amulettkults spielt Montale mit allen möglichen mystischen und animistischen Vorstellungen: In der Erzählung *Das Engelchen* sagt der Ehemann, nachdem er seiner Frau zuerst spätromantische Gefühle vorgeworfen hat, weil sie den Wecker,

Marke Engel, als ihr Kind bezeichnet: »Einer Taube oder sogar einem Wecker menschliche Persönlichkeit zugestehen, das ist ein unschuldiger Animismus, und der Animismus ist die des Menschen würdigste und auch logischste geistige Position. Denn der Mensch kann nicht aus sich heraustreten und die Dinge mit einem andern Maß messen als dem seinen.«

Man muß sich davor hüten, diese philosophischen Exkurse und Aphorismen, mit denen Montales Prosa durchsetzt ist, allzu ernst zu nehmen: Sie sind – ernst und ironisch zugleich – nicht mehr als Konjekturen, Versuchsballons, mit denen die Menschen Montales versuchen, etwas Licht in den Kerker ihres Schicksals zu bringen. Das wird sehr deutlich in der Skizze *Die Angst,* wo der Autor selbst einer neugierigen Reporterin erklärt, warum er die Hunde den Katzen vorzieht: »Meine Bekehrung geschah erst kürzlich und beruht auf der Beobachtung, daß die Hunde (mehr als die Katzen) in unserer Erinnerung bleiben und in uns weiterleben wollen. Theoretisch bin ich gegen das Weiterleben und glaube, es wäre außerordentlich würdig, wenn der Mensch oder das Tier sich damit abfinden würden, im ewigen Nichts unterzugehen. Aber in der Praxis – durch Überlieferung – bin ich ein Christ und kann mich dem Gedanken nicht entziehen, daß irgend etwas von uns weiterdauern kann oder muß.«

Weiterleben in der Erinnerung – dieses Lieblingsmotiv Montales gewinnt in seiner Prosa aus dem Bewußtsein menschlicher Solidarität aber auch überraschend neue Aspekte. Die Erzählung *Am Strand* konfrontiert den Ich-Erzähler mit der Erinnerung, die in einem andern Menschen lebt, mit der Existenz einer Vergangenheit, in der sein Ich fortdauert, obschon er selbst von ihr nichts weiß. Aus Amerika erhält er den Brief einer Freundin, die er vergessen hat und sich nur mit Mühe wieder ins Gedächtnis zurückruft. Er schreibt: »In Wahrheit bin ich sehr beschämt. Ich denke an die Scherze des Gedächtnisses, an den alles verschlingenden Brunnen der Erinnerung. Ich glaubte mich, mir selbst und anderen gegenüber, reich, weil ich annahm, daß unendlich viele untergegangene Dinge in mir fortlebten und in meiner

Brust ihre letzte Rechtfertigung fänden: Ich glaubte mich reich und war in Wirklichkeit arm. Jemand, den ich vergessen hatte, hat mich überrascht; ich bin es, der im Gedächtnis Anactorias oder Annalenas noch existiert, ich lebe in ihr weiter und nicht sie in mir ... Anactoria oder Annabella war von meinem Denken für vier, fünf oder sechs Jahre vollkommen unterdrückt worden und ist jetzt zurückgekehrt, weil sie zurückkehren *wollte*, sie schenkt sich mir, und nicht ich bin es, der sie auf der dilettantischen Suche nach der verlorenen Zeit wiedererweckt hat. Sie ist der liebevolle und würdige Eindringling; sie ist beim Erforschen ihrer Vergangenheit meinem Schatten begegnet, und sie hat im besten Sinne des Wortes wieder eine ›Korrespondenz‹ hergestellt.«

In der Wendung »auf der dilettantischen Suche nach der verlorenen Zeit« klingt unverhohlen Kritik auf an der Subjektivität des Proustschen Erinnerungsprozesses, in dem die vielfältige Interdependenz der erinnernden Menschen unbeachtet bleibt.

Expliziter setzt sich Montale mit dem Verhältnis von Individuum und Gesellschaft im Porträt Dominicos auseinander. Dominico gehört zusammen mit Herrn Fuchs, Herrn Stapps, Rebillo, Riccò und dem falschen Engländer in die Galerie der Käuze und Originale, die – extravagant und nur mit sich selbst einig – am Rande der Gesellschaft leben. Diesen einsamen Verrückten, die in einer konformistischen Welt ihre individuelle Freiheit pflegen, gehört Montales ganze Sympathie, obschon er weiß, daß diese Freiheit eine Illusion ist, die nur auf Kosten der Gesellschaft erhalten werden kann. Von Dominico sagt er: »Und wie weit kann uns anderseits die Freiheit des einzelnen Menschen interessieren, die Freiheit, die nicht allen gehört, sondern einem *gegen alle*? Ich fürchte, daß Dominico, der sich allein rettet, auch allein verlorengeht und daß ihm, dem der religiöse Sinn für das Leben in einer Gemeinschaft abgeht, auch das Beste des individuellen Lebens fehlt: Denn der Mensch ist kein Mensch, wenn er nicht mit den andern Menschen rechnet, er ist kein ganzer Mensch, wenn er die andern Menschen nicht bejaht.«

Diese fast programmatisch positiv klingenden Sätze sind aufschlußreich für die Zuwendung zum Menschen, die Montales Prosa auszeichnet. Man darf ihre Tragweite aber nicht überschätzen. Wenn Montale vom »religiösen Sinn des Lebens in der Gemeinschaft« spricht, so meint er damit nicht religiöse Transzendenz, sondern das Hinnehmen einer existentiellen Gegebenheit. Sein Pessimismus bleibt so unerbittlich wie die Trauer des großen Schneemanns in Sankt Moritz, der nicht nur weint, weil er Zwiebeln in den Augenhöhlen hat, sondern auch aus andern Gründen, die der Autor nicht erklären kann und die zu erforschen er für unnötig hält. Als einsamer Tourist versucht Montale vom Hotelfenster aus mit dem wunderbaren Schneemann ins Gespräch zu kommen. Er tarnt dabei seine Verzweiflung mit spielerischer Ironie: »›Gestatten Sie, Meister‹, sage ich zu ihm, ›daß ich mich Ihrer unaufhaltsamen, umfassenden, universellen Klage anschließe. Ich bin eigens hergekommen, um Sie zu sehen. In meiner Unwürdigkeit bin ich vielleicht der einzige, der die Gründe Ihrer Klage erahnen kann. Auch ich werde mich in Ihrem Schlamm auflösen; auch ich habe in den Augenhöhlen zwei kleine Zwiebeln, eine Rübe anstelle der Nase …‹«

Alice Vollenweider

Giorgio Bassani

Die Brille mit dem Goldrand

Erzählung. Aus dem Italienischen von Herbert Schlüter.
106 Seiten. Serie Piper 417

Im Mittelpunkt der Erzählung steht der kultivierte, von seinen Ferrareser Mitbürgern respektierte Arzt Fadigati. Als seine homosexuellen Neigungen bekannt werden, bleibt er weiterhin von der Gesellschaft geduldet. Erst als er sich mit einem schönen skrupellosen Studenten einläßt, der ihn in aller Öffentlichkeit bloßstellt, zieht sich die achtbare Gesellschaft von ihm zurück. Der einzige, der ihm mit Verständnis und Menschlichkeit begegnet, ist der Ich-Erzähler, der als Jude in eine ähnliche Isolation gedrängt wird.

Ferrareser Geschichten

Aus dem Italienischen von Herbert Schlüter. 250 Seiten. Serie Piper 430

»Bassani beherrscht die Kunst, seine Personen von sich wegzuschieben und sie quasi in einen Spiegel zu stellen.« Eugenio Montale

Hinter der Tür

Roman. Aus dem Italienischen von Herbert Schlüter.
174 Seiten. Serie Piper 386

»In einer seltenen Verbindung von Zartgefühl und (scheinbar) unbemühter Schlichtheit« (Günter Blöcker) erzählt dieser Roman von dem Verlust kindlicher Unschuld. Schauplatz ist ein Gymnasium – für viele eine Hölle mit Auserwählten und Zurückgewiesenen. Dem Ich-Erzähler gelingt es nicht, in die magische Welt der Auserwählten vorzudringen, und er schließt sich einem unsympathischen Mitschüler an. Luciano, ein doppelgesichtiges, rätselhaftes Wesen, verstrickt ihn schrittweise in Intimitäten und verrät dies an die »Auserwählten«.

Der Reiher

Roman. Aus dem Italienischen von Herbert Schlüter.
240 Seiten. Serie Piper 630

Der Reiher erzählt vom letzten Tag im Leben des 45jährigen Gutsbesitzers Edgardo Limentani. Während eines Jagdausflugs kommt ihm die Sinnlosigkeit seiner Existenz lähmend zu Bewußtsein. Der Reiher, den sein Begleiter abschießt – sein Flug, sein Sturz und sein langsames, sinnloses Verbluten –, erscheint Limentani wie ein Bild seiner selbst. Nur im Selbstmord glaubt er den Ekel vor dem Leben überwinden zu können.

»Ein Meisterwerk« Die Zeit

Marta Morazzoni

Das Mädchen mit dem Turban

Fünf Novellen. Aus dem Italienischen von Herbert Schlüter.
199 Seiten. Geb.

Selten hat das Debüt eines jungen italienischen Autors in den letzten Jahren so großes Aufsehen erregt, wie diese fünf Novellen von Marta Morazzoni. »Marta Morazzoni sieht eine Empfindung, sie weiß, daß in dieser Empfindung die ganze folgende Erzählung konzentriert ist, und nach und nach, mit Geduld, Hartnäckigkeit und mit dieser intelligenten Blindheit der wahren Schriftsteller verwandelt sie die Empfindung in Erzählung.« Corriere della Sera

»Bei der Lektüre dieses Buches, beim Innehalten nach jeder dieser fünf Erzählungen bleibt nicht so sehr die Handlung oder die sie tragenden Figuren im Gedächtnis haften als vielmehr das Licht, der Duft, die Gestik, die hier evoziert werden. Selten begegnet man einem Buch, von dem soviel Stille ausgeht, eine Stille gleichsam zwischen den Zeilen.
Fünf Erzählungen, angesiedelt in der Historie, gesättigt von historischem Ambiente und doch merkwürdig zeitlos entrückt. Ich habe seit Jahren nicht mehr Erzählungen von dieser ungewöhnlichen Qualität gelesen, dieser Sensibilität der Darstellung, dieser durch nichts in Frage zu stellenden Sicherheit der künstlerischen Mittel, dieser alle Sätze durchtränkenden Musikqualität, die an einen Zyklus von Streichquartetten denken läßt.«

Federigo Tozzi

Das Gehöft

Roman. Aus dem Italienischen von Ragni Maria Gschwend.
179 Seiten. Geb.

»Ein Meisterwerk der erzählenden Literatur, dessen gestaltete Intensität sich dem Leser mehr und mehr aufdrängt und ihn nicht entläßt, bevor er das Buch beendet hat. Die Faszination beruht vor allem auf der zeitlosen Thematik und dem Verzicht auf jede Modernismen, die uns das mehr als sechzig Jahre alte Werk wie ein Buch aus diesen Tagen lesen läßt.«

Hannoversche Allgemeine Zeitung

Drei Kreuze

Roman. Aus dem Italienischen von Ragni Maria Gschwend.
158 Seiten. Geb.

Das eigentliche Thema des Romans, der erzählt, wie man das Leben verraucht, verfrißt, verschläft »und es dreimal verachtet«, ist die Problematik von Gut und Böse, die Verstrickung in Schuld – Motive, die Tozzi von Verga und Dostojewski übernommen hat. Zugleich ist »Drei Kreuze« die unerbittliche Röntgenaufnahme einer heuchlerischen Gesellschaft, die nur auf die Fassade achtet. Nicht wegzudenken aus dem Roman ist schließlich Siena, die gotische Stadt, die den Hintergrund dieser düsteren Geschichte bildet und von der Tozzi sagte, er werde auf ewig traurig sein, weil er dort habe leben müssen.

Mit geschlossenen Augen

Roman. Aus dem Italienischen von Ragni Maria Gschwend.
212 Seiten. Geb.

Das Schließen der Augen, diese Blindheit gegenüber dem Leben, ist das offenkundige oder verborgene Leitmotiv der wichtigsten Werke Tozzis. In seinem Roman »Mit geschlossenen Augen« ist die offenkundige Unfähigkeit Pietros, der Wahrheit ins Gesicht zu sehen, die Ursache für das Scheitern der Liebe.

Giovanni Verga

Der letzte Tag

Erzählungen. Aus dem Italienischen von Hannelise Hinderberger und Marianne Schneider. Herausgegeben und mit einem Nachwort von Johannes Hösle.
448 Seiten. Leinen

Giovanni Verga ist neben Manzoni der bedeutendste italienische Erzähler des 19. Jahrhunderts. Der vorliegende Band umfaßt nahezu die Hälfte von Vergas novellistischem Werk, darunter zahlreiche Erzählungen, die erstmals ins Deutsche übersetzt wurden.

»Verga erzählt mit kalter Wucht, mit lakonisch geballter Sachlichkeit, kommentarlos, in hastigen Sprüngen. Überfallartige Schrecken jagen kurze Leben zu einem krassen Ende. Durchschnittlich nicht mehr als sieben Seiten braucht er von einer Geburt bis zum Tod.
Er verschleudert einen Stoffvorrat, der heute für zehn Dichter reichen würde.
Verga schildert nicht das romantische Sizilien der Touristen, sondern ein versengtes, brütendes, fieberdampfendes, starr lastendes Land. Es gibt keine bessere Warnung vor der Idyllisierung archaischer Zustände als diese Erzählungen. Die Armen leben wie die Tiere. Die Geschichte eines totgeprügelten Esels und seiner fünf Herrschaften, eine jeweils schlechter als die andere, unterscheidet sich denn auch kaum von der Geschichte eines halbwüchsigen Jungen, des Rotschopfs, den alle peinigen, der davon hart und gemein wird, aber alles erträgt, bis sie ihn in den Tod treiben. Aber noch das niedrigste Leben hat Würde.
Für einen Moment verzaubert das Aufblühen der Liebe noch die trostlosesten Bedingungen.« Frankfurter Allgemeine Zeitung

Carlo Fruttero / Franco Lucentini

Der Liebhaber ohne festen Wohnsitz

Roman. Aus dem Italienischen von Dora Winkler.
319 Seiten. Geb.

»Ich erinnere mich nicht, in den letzten Jahren eine ähnlich eingängige Liebesgeschichte gelesen zu haben, die, verspielt und elegisch, zugleich so gut unterhalten und so viel Einsicht vermittelt hätte.« Frankfurter Allgemeine Zeitung

Der Palio der toten Reiter

Roman. Aus dem Italienischen von Burkhart Kroeber.
200 Seiten. Geb.

»›Der Palio der toten Reiter‹ ist der aufregendste Spannungsroman, den F & L bislang geschrieben hat.« Panorama

»Fruttero und Lucentini haben mit dem Roman ein gleichermaßen witziges wie tiefsinniges und mitunter auch bitterböses Psychogramm des Durchschnittsitalieners entworfen. An der literarischen Qualität und Intelligenz des Buches vermögen auch die ordinären, ja mitunter zotigen Beschreibungen von Liebesszenen nichts zu ändern.« Tagesanzeiger, Zürich

Die Sonntagsfrau

Roman. Aus dem Italienischen von Herbert Schlüter.
527 Seiten. Serie Piper 5501

»So schön wie zwei Wochen Ferien in Italien.« Publishers Weekly

Wie weit ist die Nacht

Roman. Aus dem Italienischen von Herbert Schlüter
und Inez De Florio-Hansen. 571 Seiten. Geb.

»Die italienische Literatur hat bis jetzt noch keinen Dupin, keinen Poirot oder Maigret gehabt: Nun hat sie Santamaria. Fruttero und Lucentini sind Meister in der Kunst des Kriminalromans.« The Times Literary Supplement

Du bist so blaß

Eine Sommergeschichte. Aus dem Italienischen von Dora Winkler.
68 Seiten. Serie Piper 694

Das italienische Autorenduo hat eine meisterliche kleine Etüde geschrieben, eine witzige und bösartige Kritik an der italienischen Sommerkultur.